子どもから企画・提案が生まれる学級

集団づくりの「ユニット」システム

関口 武 著

高文研

はじめに

　春、菜の花、タンポポ、桜が咲くと、新学期です。今年はどんな子どもたちに出会えるだろうか、と心がうきうきしてきます。
　ゆっくりペースの子、多動で何でもやりたがる子、小さなことにも真剣にこだわる子、いろいろな子どもたちと一緒に過ごしながら、子どもたちからたくさんのことを学びました。子どもたちに教えられて、子どもたちの活動から学んで、今の私がいます。
　子どもたちは、植物のように自らのちからで成長します。私たちは真っ直ぐに、すくすくとのびていけるように指導するだけなのだと思います。芽を出した発想を摘み取ったり、飛び出した考えを潰してしまったりしてはいけないのです。
　集団づくりも同じです。学級は教師がつくるものではなく、子どもたちが、子どもたちの考えを出し合いながらつくるものです。「子どもから企画・提案が生まれる学級」を子どもたちがつくります。つくられた学級のちから、集団のちからでさらに子どもたちが成長するのです。
　したがって、この本は、子どもたちがつくった世界を私が描いた、ということになります。子どもたちのいきいきした成長と私の少しの指導が見られればいいなと思います。
　子どもたちの声に耳を傾けて、子どもたちがどう成長していったのかを覗いてみてください。必ず、子どもの偉大さに出会い、子どもたちに心を動かされ、集団づくりをスタートする気持ちになります。そうしたら、集団づくりのスタートラインに立ってください。そこには、たくさんの仲間がいます。
　Ⅰ章「集団づくりのスタート」では、小学校３年生を例にして４月から７月までの学級づくりの流れと方法が具体的にわかるように描きました。

はじめに

　Ⅱ章「集団づくりの発展」は、9月から3月まで実践が発展する仕掛けを描きました。

　Ⅲ章「集団づくりの構想」は班・リーダー・討議づくりの視点からの指導構想を描きました。

　Ⅳ章「集団づくりがめざす自治の世界」は、実践にコメントを入れながら自治の世界をつくりあげるすじみちを描きました。

　Ⅴ章「集団づくりで子どもたちが変わる」は、生活環境の中で生きづらさに悩む子どもが変わっていく6年生の実践と、発達の課題をかかえている子どもが変わっていく4年生の実践。分析を加えながらの記録です。

　この一冊に、私が知る集団づくりの方法のすべてを詰め込んで、新芽の若い世代に贈ります。

◆──もくじ

はじめに………………………………………………………………… 2

I 集団づくりのスタート

(1) はじめての出会い ………………………………………… 10
　子ども時代を子どもとして生きる
　アゲハの幼虫とみかんの木と風の広場
(2) 学級開きのメッセージ …………………………………… 13
　始業式前の準備
　　①学級開きのメッセージ　②班づくり　③「学級開き」の原案
　始業式当日「学級開き」
　学級開きが学級づくりの出発点
　始業式の翌日──企画提案の後はまとめをする
(3) 要求アンケート「先生にお願い」……………………… 19
　先生にお願い──要求アンケート
　会話やトラブルから隠れた要求を見つける
(4) 班をつくる──班長の選出、班長会の持ち方 ……… 22
　席替えは班づくりから考える
　好きな者同士で班をつくる
　　①人数を決めて好きな者同士　②男女別お見合い方式　③班長の選出
　班替え時の班のまとめ
(5) 班のマスコットとシールとワッペン──班競争 …… 26
　班活動のスタート──班のマスコットをつくろう
　班のキャラがなかなか決まらない
　シールとワッペンと班活動
　ＭＶＰの班を決めよう──管理と指導
(6) ４月の「おたん生日会」──班長会の指導 ………… 30
　班長会提案を指導
　実行した後は総括──まとめをして次の活動につなげよう

もくじ

(7) 学級内クラブ──活動をつくる ………………………………… 32
　　トラブル発生──指導のチャンス
　　ドッジボールクラブ
　　仲良しチームの誕生──ルール変更を教える
(8) 学級の課題と進歩の確認 …………………………………………… 35
　　4月のまとめアンケート
(9) 5月の「おたん生日会」…………………………………………… 37
　　5月は班長会に任せて
　　「S字ジャンケン」に変更──教師が教えるより子どもたちに気づかせよう
(10) 班長立候補の班づくりへ ………………………………………… 39
　　班長立候補の班へ
(11) 好きな者同士の「自由席給食」………………………………… 40
　　自由席給食
　　この次食べようね──考えを出し合い、修正しながらみんなで決める
　　「入れて」と言われたら断らない──何度でも決め直せることを教えよう
(12) 原案指導「1学期まとめの会」………………………………… 43
　　劇のテーマ──教師が視点を変えて反論を教える
　　水風船わり──意見が分かれる時には学級会で決める
　　学級会で原案について討議

Ⅱ 集団づくりの発展

(1) ユニット給食 ………………………………………………………… 48
　　ユニット班──生活班と別の好きな者同士グループで仲間づくりをしよう
　　公と私が混じり合う場所──生活班とユニット班
(2) シールとワッペンの代わり──評価をものから言葉に変える …… 52
　　シールやワッペンの取り組みからの変化
　　批判しあえるちから
(3) 班長会VS教師「2学期まとめの会」…………………………… 54
　　提案で対立

班長会確立への一歩
　（４）新班長会の「３組とさよなら会」……………………………… 57
　（５）高学年の集団発展　学習発表会へ ……………………………… 59
　　りんごの木と１学期まとめの会
　　教師の楽しい構想を持って
　　思い出はドラマ化して──２学期まとめの会
　　学年末の学習発表会

Ⅲ 集団づくりの構想

　（１）集団づくりの構想図 ………………………………………………… 66
　　なぜ集団づくりなのか
　　子どもたちの自治の世界
　　集団づくりの構想
　（２）自主管理──チャイム席、おしゃべり、整列 ………………… 69
　　遊びたい、おしゃべりしたいが子どもの要求
　　指導とは、子ども自身が納得して行動するようにさせること
　　「チャイム席」「おしゃべりしない」の指導と管理
　　「みんなで決めて、必ず守る」というキャッチフレーズ
　　管理権を子どもに──朝運動で整列するには
　　子どもたちが子どもたちに働きかける
　（３）班づくり──ユニット班と生活班と学習班の多層構造 ……… 74
　　班づくりの意味
　　リーダーとは
　　リーダーの層を厚くすること
　　ユニット班を活用する──「仲間とは何か」を問うための仲良し集団
　　３〜５名の学習班をつくる
　　活動の経過に重点を置く──ユニット班でのダンス
　　生活班やユニット班のドタバタ創作劇
　　劇はもめごとの宝庫──トラブルの中で価値観を変えよう
　　学習係が授業のスタートをリードする

やりたい人がやりたい活動をやる"係活動"
やりたい係

（4）高学年リーダーの指導──ユニットというダブルの班構想 ……… 85
ゆれる好きな者同士
班はチームのように──班とユニットの両輪で私的・公的のグループを保障
ユニットをつくろう
スポーツ大会は力の差のないチーム制──場面に応じたグループづくり
ビックリツアーのプロジェクトＸ──楽しい活動をユニットで企画・実行

（5）リーダー指導──チームリーダーから班長立候補へ ………………… 92
「メンバー取り」の民主性、合理性、差別性
チームづくりの民主化

（6）朝の会や帰りの会を学級全体の討論・討議の場へ ……………… 94
子どもたちの「困ったこと」を討議の場に
毎時間、学習班の討論の場面
授業の中で討論する

（7）討議づくり ………………………………………………………………… 97
和解できない対立と決定

Ⅳ 集団づくりがめざす自治の世界〈実践編〉

実践1　「暴力教室」（5年） …………………………………………… 100
わかっていても手が出てしまう
「平和ルール」に参加するという宣言

実践2　「裸足で過ごす」案（6年） ………………………………………… 106
男の世界になりたい──決まりを変える提案は日常から
ナッシーあんなんでいいの
有志で提案つくろう
仲間と見る子どもたちの見方
裸足の夏はとても快適

実践3　子どもの現実に付き合う（6年） …………………… 111
　なんか投げていい？
　水曜日放課後バリバリ

Ⅴ　集団づくりで子どもたちが変わる〈実践編〉

実践4　仲間と共につくりあげる価値相互承認の世界（6年） …… 116
　現状を知り子どもたちと向き合う
　基本的な信頼関係の構築
　仲間と共につくりあげる価値相互承認の世界
　集団に働きかけるための活動をつくる
　子どもの変化を通して保護者とつながる
　保護者の変化が見えてくる
　ぶつかりあう価値観から新しい価値世界を構想する
　信頼できる仲間からの要求
　行動の裏側に潜むものと集団のルール

実践5　ぼくひとりぼっち（4年）──特性を持った子のいる学級 ……… 125
　落ちついた「いい子」たち
　せんせー、あそぼ──つながりを求めて
　教室の蛍光灯がチカチカ──特性を持った子の要求に応える①
　蛇口の水で廊下が水びたし──特性を持った子の要求に応える②
　パーティーの悲しいくすぐり──特性を持った子の要求を読み取る
　くーちゃんチーム誕生──特性を持った子とともに生きる学級
　くーちゃんチームって何？
　アイーン列車

おわりに ………………………………………………………………… 141

カバー・表紙・本文イラスト ──────山本　寛子
装丁・商業デザインセンター ──────増田　絵里

Ⅰ 集団づくりのスタート

> point! 子どもたちの現状からスタートしよう

（1）はじめての出会い

❀ 子ども時代を子どもとして生きる

　広い校庭をもつ大きな学校に転任しました。駅に近く、高層マンションが建ち並ぶ学区です。1300名を超える児童と70名近い職員に驚きましたが、私が子どもの頃も子どもの数が多かったので、こんな風景だったような気もします。

　朝、登校しても「おはようございます」の挨拶はあまり聞こえません。人数が多すぎるのでしょうか、大学のキャンパスの風景に似ています。ランドセルを背負った子どもたちには、友だちと交わすおしゃべりと笑顔があります。

　校舎は3棟に分かれ、1、2年生が南校舎に、4、5、6年生が北校舎に、私たち3年生が東校舎にいます。体育館での朝会は身動きがとれないので、たとえ、おしゃべりをしている子どもたちがいたとしても注意をしにはいけないくらいです。子どもたちにしても、前後左右囲まれているので、うろちょろもできません。比較にならないくらい昨年までいた学校と違っていると感じました。

　校庭に小さな森と広場があります。私はここが気に入って、ここに『風の広場』というネーミングをして、学級通信の名前にしました。

　「子どもたちは子ども時代を子どもとして生きる権利がある」

　3年生の子ども時代ってどんなかな。子どもたちの現在から出発して、子どもたちと共にその時代を生きていこうと思っています。

❀ アゲハの幼虫とみかんの木と風の広場

　体育館での始業式の後、3年生の6人の担任自己紹介で、私は「あそ

I　集団づくりのスタート

び虫」を歌って踊りました。歌と踊りに子どもたちは盛り上がりました。やんちゃな男子とおとなしそうな女子が印象に残りました。36人を連れて3組の教室に入りました。

　教科書を配るのを頼むと、
「ハイ、並んで並んで、教科書配るよ！」と明るく元気なアッキー。北野亜紀は空手を習っていて、前蹴りが得意、初日に蹴りをもらいました。異色のアッキーは当面のリーダーです。やりたがりだけど信頼がないように感じられました。信頼と仲間を見つけさせたいと思いました。

　考える間もなく、何でも質問する黒田くん、周りが見えないから行き過ぎてしまいます。ひとりの意見を大事にしながら、みんなが大切にされるクラスにしたいと考えました。

　私にべったりのさつきは、おしゃべり大好き、言いたいことを何でも言うので浮くことがわかりました。
「わたし、いっつもいじめられてたんだ。学校なんか楽しくない！」
　彼女のおしゃべりを聞きながら、言いたいことを言い合って、みんなが大事にされる世界をつくろうと思いました。

ワルガキ風、金沢くんと西野くんは他の3人と組んで、春木くんに、嘘の待ち合わせ場所を教えて、待ちぼうけをさせた野球少年です。でも、それがギャングエイジと言われる3年生なのだろうと思います。彼らが追いつめられず、のびのびトラブルを起こせて、ゆったり解決できる空間を保障したいと考えました。
　自閉症の春木くんは、一週目の一斉下校で行方不明になりました。その後、その時の様子を聞いても、校内にいたのか、先に学校を出たのか本人にも分かりませんでした。
　土田くんとみなみさんはおしゃべりが苦手。緊張した表情で黙ったままでした。誰とも会話のない日々が続いていました。笑いあえる仲間と居場所を見つけさせたいと思いました。
　教師のニックネームは「セッキー」「熊ちゃん」「パンダ」。アッキーが勝手につけて呼んでいました。風の広場の夏みかんの木からアゲハの幼虫を見つけてきては、私が教室にもって来たみかんの木に住まわせていました。
「先生、タケシロウがさなぎになった。こんなでっかいうんちした」
　アゲハの幼虫は、いつの間にか7匹に増えていました。

point! 企画提案のやり方を見せよう

（2）学級開きのメッセージ

❀ **始業式前の準備** ①学級開きのメッセージ
――子どもを歓迎するメッセージを伝えよう

この小学校3年生・36人のクラスを例にして、集団づくりの年間構想を考えてみます。まず、4月8日の始業式の準備をします。始業式には「学級開き」をします。

始業式は、教科書を配ったり、学校からの手紙を配ったりと忙しい日ですが、

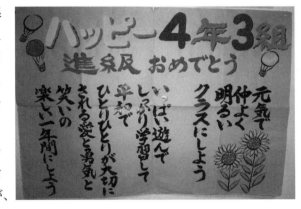

子どもたちとの出会いを大事にします。できれば30分、難しかったら20分でも時間を取って、「学級開き」をやります。

「学級開きのメッセージ」を黒板に貼って、子どもたちを迎えます。教室に入った子どもたちが驚くような掲示物がいいと思います。例えば手書きの習字と絵でメッセージはどうでしょうか。

「元気で、仲良く、明るいクラスにしよう」どれも大事な教師のメッセージです。「いっぱい遊んで、しっかり学習して」は、意図して、「いっぱい遊んで」を前にもっていきました。遊びから学ぶのが子どもだからです。「平和で、ひとりひとりが大切にされる愛と勇気と笑いの楽しい一年間にしよう」では、平和と笑い、愛と勇気、そして何よりひとりひとりが大切にされる、を強調しました。

紙吹雪を入れた風船も用意しました。くす玉より手軽で、割るときに

は大きな音も出る風船割りは、人気があります。「これ割ってくれる人いますか」と割りたい人を募って、楽しめます。

　②班づくり――小さな集団をつくって仲間を増やそう

　学級開きの時に、班を決めておきます。
　新学期最初なので、教師提案で名簿順の席で班をつくります。教室に初めて入り、不安のないように席をつくっておきます。それは同時に班を意識した設定です。はじめは教師がつくる班でいいと思います。
　「席を決める」のではなく、「班を決める」というのは、席という個で見るのではなく、気の合う仲間づくりのベースとなる「班」を基本に学級づくりを行なうためです。班は、何でも言い合える仲間づくりとなることを目指します。
　1班、2班…というように、班で机をくっつけられるようにしておきます。男女の割合は同じくらいがよいと思います。男子、女子、男子…と交互に並べてつくりましょう。
　36人の学級でしたので、4～5人の8班制にしました。班長は班内の互選です。班員4人が一日交代で班長になる班もあります。日替わり班長です。2人または3人班長がいてもいいと思います。やる気のある状況が大切です。
　子どもたちの名前を、5等分した水色の色画用紙に、習字の筆で書きました。それをラミネートして、子どもたち、ひとりひとりの机に置きました。この名前プレートは教師（私）から見えるように子どもたちの机の前に貼ります。

I　集団づくりのスタート

③「学級開き」の原案
　──学級開きの様子から
　　　子どもたちの課題を探ろう

さて、次は「学級開き」の原案をつくります。誰が書いたのかをはっきりさせるために、そして、やがて子どもたちに提案権が移行する見通しをもって「提案者　先生」と明記します。学級のスタートからみんなで考えて、みんなで決めます。

学級びらきプログラム

　　　　　　　　ていあん者　先生

しかい（先生）
（1）はじめのことば　（先生）
（2）先生の自己しょうかい　（先生）
（3）みんなの自己しょうかい　（みんな）
（4）ゲーム「セーハ・リズム討論」（先生）
（5）うたっておどろう　（先生）
　　「あそび虫・セッキーコング」
（6）プレゼント「ひみつ」（先生）

原案のない学級会を始める学級活動もあるようですが、社会に出ても、学校の職員会議や企業の会議のように、原案にもとづいて検討して、決定していきます。そのため、提案書、企画書のある会議を教えることは学校の重要な役割であると考えます。原案を出すことで、自分たちの願いを自分たちの要求に高めて、その要求を実現することができることを教えます。楽しい学級、楽しい学校につくり変える方法を学びます。

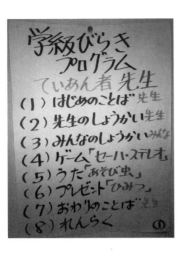

❂ 始業式当日「学級開き」

 教科書やプリントを配り終えたら、さあ、第1回の学級会です。

 私がつくった「学級開き」の教師原案を黒板に貼って、企画の説明をします。そして、「質問ありますか」と教師が司会（議長）をします。教師が議長のやり方を見せることは、議長指導の始まりでもあります。

 さっそく、質問がきました。3年生のかわいい質問です。

「プレゼントの〝ひみつ〟って何ですか」

 私「本当はひみつだけど、質問してくれたから教えます。ひまわりの手作りワッペンだよ」

「うたっておどろうの〝あそび虫〟って何ですか」

 私「ちょっと、やってみるね、後で、一緒に踊ろうね」

「〝セッキーコング〟ってどんなおどりですか」

 私「セッキーがゴリラになって踊る激しい踊りだよ、一緒に踊ろうね」

「司会やはじめの言葉、終わりの言葉はみんな先生がやるんですか」

 私「やりたい人がいたら、やりたいと言って、みんながやるように変えていいよ」

 次に「変えたいところはありますか」と修正案を教えます。

「司会がやりたいです」「はじめの言葉がやりたい」

 こんな質問や、修正意見が出てきたら、最高に嬉しいですね。一年間の学級づくりの見通しが立てられます。司会もはじめの言葉、終わりの言葉にも、数名ずつ立候補が出ることが多いのです。そのやる気を失わせないように、じゃんけんで決めず、立候補した人全員にやってもらってもいいと思います。はじめの言葉は二人でもいいです。一人に決めな

ければならない、という発想も変えてみるいい機会です。

　高学年の場合は、なかなか質問が出ないことがあります。質問や意見が出なくても気にしません。

私「司会も、言葉も、ゲームも、歌もみんな先生がやっちゃうよ」

　「先生でいいんじゃない。別にやりたくないし」

　でも、大丈夫、それが高学年です。面倒くさい、やりたくない、何でやるの、そういう考えが出始めることも、前思春期の特徴なのです。無邪気な中学年からちょっと斜に構えた、成長の証です。教師がリードしながら、少しずつやる気を引き出し、やることの意味を一緒に考えていけばいいのです。

　「うちのクラスだめ。なんでやる気がないのかな」なんて嘆かないでください。これが成長です。ここに、教師の存在価値があるのですから。

❁ 学級開きが学級集団づくりの出発点

> **あそび虫 ♪**
> （作詞・作曲／三多摩保母のうたごえ）
> ぼくのからだのすみっこに
> 小さくなってる　あそび虫
> よごしちゃだめよとしかられて
> あぶないだめよとしかられて
> 小さくなってる　あそび虫

　「あそび虫」のおどりも一緒に笑顔で踊ります。「セッキーコング」は、教師が踊ってみせると、その激しさと迫力と格好悪さに驚き、

　「えー！　おれたちこれ踊るの」

と、子どもたちは引きました。しかし、立ち止まっているわけにはいきません。

　「さあ、がんばってみよう。みんな立って

踊るよ」と背中を押しました。

「ウッホ　ウホウホ　ウッホホー」とゴリラのようにほえながら、「セッキーコング」をクラスみんなで元気に踊りました。

踊らない子がいても「そんなのあり」です。教師は全力で頑張りますが、引いている子がいたり、斜に構えている子がいることは、学級づくりの課題が見えているということです。無理強いしないで、一緒に踊れる子たちと元気に踊ればいいのです。溶け込めない空間では、踊らない権利もあるのです。教師の要求をまずは突き出し、その要求の是非を問う、それへの批判も含めて、集団が考え始めます。そこが学級集団づくりの出発点です。

学級開きの「プレゼント」の時間には、手作りワッペンを手渡しながら、一人ひとりと握手しました。にこにこしながら、子どもたちそれぞれが自分で胸の名札の横にひまわりワッペンを付けてくれました。

班を意識させるいちばん初めの活動は、学級開きのゲームです。

ゲームをすることで、「3班は元気で、やる気があっていいですね」という教師の明るいトーンの評価ができます。

❀ 始業式の翌日
——企画提案の後はまとめをする

学級開きの翌日には、よかったこと、まだできないことを聞いて、子どもたちの声でまとめをします。この学級開きのまとめは、学級開きプログラムの提案の下に、つなげて貼っておきます。提案とまとめはセットです。まとめをすることは、次の提案につながる大事なことです。

> point! 子どもたちの要求を知り、それに応える関係を目指そう

(3) 要求アンケート「先生にお願い」

❀ 先生にお願い──要求アンケート

　学級開きから２、３日経つと要求アンケートを採ります。子どもたちの要求をそのまま聞き取るなら、アンケートがいいと思います。全員の声を聞くことができます。クラスや教師にどんなことを求めているのか、どんなことで困っているのかが分かります。

　「要求」という言葉の意味を知らない子たち、何を要求していいか困る子たちが多いので、子どもたちにとって書きやすい「先生にお願い」という題にします。先生にお願いすれば叶えられそうなことを出してもらいます。お願いしても、先生が困ってしまって、叶えられそうもないものも出してもらいましょう。

　「アイスクリームをおごってください」なんて、ちょっといい感じです。本気で、どこかで会ったら、おごろうと思いました。でも、学区が広かったので、会うことがありませんでした。

　「これからこわい先生にならないで」というのは、切実な要求です。新学期はじめは、にこにこ笑顔の先生たちは、だんだん厳しくなって怒るようになるということです。先生はずっと笑顔でいてね、というメッセージでしょう。

　「お笑い」も、子どもからたくさん学べます。楽しい先生であってほしい、という願いです。冗談が通じる関係が必要です。

　「ずっとこのままでいてください」なんて、最高です。３日目にして、このままでいいなんて言われると涙が溢れそうです。

　このアンケートは、子どもたちにはどんな要求があるのかを知るためのものです。アンケートを集めてから数日中に教師の返事を入れたもの

をプリントにして配布します。教師の返事は、できる限り、要求を実現していこうというメッセージとします。それが子どもとの距離感をつかむのに有効です。

　この要求を実現するための方法を子どもたちと一緒に考えていきます。それが「提案」です。実現できそうなものを「提案」という形に変えて、学級に提起します。先生への要求がいっぱいです。みんなで考えて、みんなで決めて、みんなの要求がかなえられるクラスにしましょう。

先生におねがい　※〈数字〉は同じ回答数（　　）はその返事

○ドッジボールをたくさん校庭でさせてください…（外であそぼう）
○体育をいっぱいしたい　毎日　全部〈3〉…（時間が決まってるよ）
○帰りの会にお誕生日の人を風船の前に立たせて風船をわりたいな…（いいね）
○誕生日をもっと楽しくしてほしい…（楽しくしようね）
○3年生の終わりの方にお楽しみ会やりたいな…（学期に1回やろう）
○アイスクリームをおごってほしい…（どこかで会ったらひみつでね）
○もっとおもしろく〈2〉…（もっと？　できるかな？）
○席替えがしたいです〈2〉…（1か月に1回くらいどうかな）
○あそび虫の歌を1日1回きかせて〈3〉…（できるだけね）
○ゲームをいっぱいしたい〈2〉…（総合の時間にもやるよ）
○いつも笑っていてください…（うん）
○先生、もっと勉強教えて…（いっぱいね）
○パソコンを使わせて…（はい）
○遊んでください…（さそってください）
○もっときびしくして…（いいの？　まかせて！）
○レクをつくって先生とやりたい…（計画してね）
○金属バットを買ってください…（キャー、ごめんゆるして！）
○これからこわい先生にならないで〈2〉…（ガオー食べちゃうぞ！）
○あまりおこらないで…（いいよ。たまにね）
○ドッジボールで先生投げて…（OK）
○もっとちがうあそび考えて…（いっぱいあるよ）
○もう少し先生がお笑い関係にはげみ、3年3組をおもしろくしてほしい…（はい。もう少しお笑い関係にはげみます。お笑い関係教えてください）
○ずっとこのままでいてください…（いいの？　このままで）

Ⅰ　集団づくりのスタート

❀ 会話やトラブルから隠れた要求を見つける

　隠れた要求を見つけるには、このような「先生へのお願い」アンケートはもちろんですが、基本的には子どもたちとのおしゃべりがいいと思います。給食を一緒に食べながら、休み時間に宿題の丸付けをしながらおしゃべりをします。子どもたちはボケとツッコミが好きです。私はほとんどボケを演じて、時々ツッコミます。

　子どもたちは表の顔と裏の顔を使い分けます。実は学校を背負った教師が表の世界をつくらせているのです。裏の世界を見られるように、教師はアンテナを高くします。

　班づくりの中で、困っている子たちの要求、見えない要求を見つけます。要求を掴んだら班長たちを集めて班長会が動きます。自分たちの要求を実現するための「システム」がつくられていきます。

　班の活動を広げます。班の中での学習会、班の劇、班の係、班対抗のスポーツ大会などの取り組みを進める中で、起きてくるトラブルに子どもたちの本当の要求が隠されています。暴力をふるってしまう自分に困っている子、いじめて・いじめられて困っている子、学習の遅れで困っている子、他の子どもたちの中に入っていけず孤立し困っている子、この困っている子たちが、彼らの本当の要求を学級に持ち出せるなら、彼らは既に困っている子ではないでしょう。

　子どもたちの見えない要求を見つけ出し、彼らの居場所、彼らの生きる世界をつくります。いちばん弱い立場にいる者が大切にされる集団は、他の者たちも大事にされる集団となるのです。

point! 子どもたちが考えてつくる、自治的な班づくりをしよう

（4）班をつくる
——班長の選出、班長会の持ち方

❀ 席替えは班づくりから考える

4月の最初は、名簿順で席を決め、その席で班をつくりますが、次の席替えからは1班はAの場所、2班はBの場所というように、班を先につくって、班ごとに席を決めます。

アンケートに「席替えしたい」という声があります。新学期の一日目に座る場所のことで不安を持たせないようにするためつくった席に、要求が出されました。この要求を、どう受け取ったらいいのでしょうか。

席替えは班づくりから考えます。

名簿順の班の班長たちを集めて班長会を開きます。

私「アンケートに席替えの要求が出てるよ。もう席を替えたいかな」

「席かえたい。話せる人がいないんだもん」

「いやだ。少し仲良くなってきたから。まだいい」

私「席は班ごとに決めよう。席を替えるときは、席替えというより班がえだけど、5月になったら、替えようと思っていたんだよ。まだ、名前が覚えられないからね」

「5月までもう少しだから、5月でいいよ」

「席替えしたい人もいるのに、5月までこのままでいいのかな」

私「班の人に確かめてみよう。それから、朝の会で報告しよう。それでいいかな」

各班長が班のメンバーに聞いて、班替えをいつしたいか、確認してもらいます。

3年生の36人学級では、4～5人制の8班とします。4年生以上の学級ならば6人制の6班から始めて、やがて8～9人制の4班へと発展

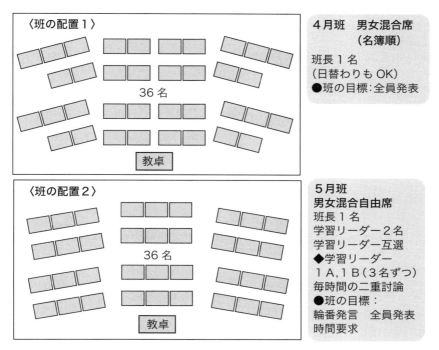

することを意図します。低学年では3～4人制の8～9班から始めます。

　名簿順の次の班づくりは、子どもたちが考えて決めるような自治的な方向をめざしましょう。もちろん、偶然に任せるくじ引きも「あり」かもしれません。しかし、早くそこを越えて、子どもたちが考えると、好きな者同士で班になりたいという方向の合意ができます。

❀ 好きな者同士で班をつくる

①人数を決めて好きな者同士

　人数を4人と決める、男女比のバランスを考えるなどの条件をつけて、好きな者同士の班の提案します。4人が集まったら、班長を決めて、空いている班の席に座ります。最後にメンバーが決まって座る班は、好きな者同士になれないことがあります。つまり、好きな者同士とはいうけれども、好きな者同士になれる者もいるが、好きな者同士になれない者もいるということが分かります。この矛盾を話し合いながら、みんなの要求が叶えられる学級づくりをします。

　すべて自由に、人数も無制限に好きな者同士で班をつくる方法もあります。そうすると、学習は教え合いがうまくいかない、人数が多すぎてまとまらないなどのトラブルが多くなります。トラブルは指導のチャンスですからこの方法は有効なのですが、トラブルを解決できずに困惑してしまうことも考えられます。

②男女別お見合い方式

　男子女子の代表がジャンケンをして、勝った方、男子が勝てば男子が先に教室の中に入り好きな席に座ります。このとき女子はろうかで待っています。

　次に女子が教室の中に入り好きな席に座ります。このとき男子はろうかで待っています。最後に男子と女子が一斉に座ります。この方法は「ご対面」「お見合い」と言われています。これも好きな者同士の方法です。班がえの前と違う席に座る、班がえの前と同じように男女の席を決めておくなどの条件をつけることもできます。

③班長の選出

　班長は、班内の互選を基本にします。最初は希望者が全員なれるように、1班に2〜3人いてもよいでしょう。日替わり班長もOKです。

　クラスの活動が活発になるにつれて、学級内クラブの部長や、クラス委員など、班長以外にも活躍の場が出て来ます。

❀ 班替え時の班のまとめ

　自分たちで決めた班です。班替えのときに班のまとめをします。この好きな者同士の班はどうだったのか、次の班はどういうやりかたにする

Ⅰ　集団づくりのスタート

のか、いろいろな話し合いができるチャンスです。

「好きな人との方が話しやすいし、話が進む、やりやすい」

「やっと仲のいい、何でも話せる友だちができた」

「好きな者同士もいいけどみんなが好きな者同士にはなれない、あまる人が出てくる」

「好きな者同士って、結局、嫌いな人をつくってしまうし、それで固まっちゃうから交流できない」

「仲良くしているようで裏では違っていたり、表で合わせていたり、気遣いしたり、面倒」

「いろんな人がいた方がいろんな考えを聞けるし、何しゃべってもいいんだって、気が楽」

「同じ人数、いろいろな考えの人がいる班の方が競い合ってのびるから学習や運動にいい」

どんなクラスにしたいか、こんなふうに自分の考えを主張できるようにする指導が大切です。話し合いを繰り返しながら、どんな班、どんな学級、どんな学校生活をつくるのかを体験します。

> point! 管理と指導を明確にして、子どもたちが納得する指導をしよう

(5)班のマスコットとシールとワッペン
―― 班競争

❀ 班活動のスタート――班のマスコットをつくろう

　班活動のスタートとして、数日中に班の名前を決めて、画用紙で班のマスコットをつくります。4月で時間がとれないときには、見本として私がつくってしまうこともありますが、5月からは朝自習や給食準備中などの時間に、必ず各班でつくります。

　A4の大きさに描かれたマスコットは、班のマークであり、班を集団と意識するためのものです。また、ここに、取り組んだ成果や班の成長を記録するためでもあります。班対抗のゲームで勝った班のマスコットに、教師や子どもたちがワッペンを付けたり、集合が早かった班のマスコットにシールを付けたりします。こうした班と班の切磋琢磨を「班競

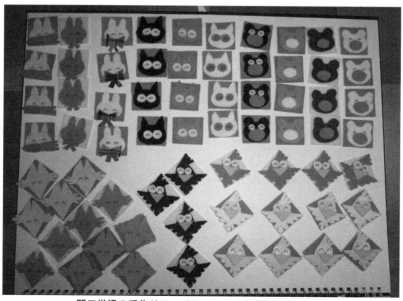

関口学級の手作りワッペン。フェルトを切ってつくる

争」とよんでいます。班競争の目的が競い合いになってしまうならば、それは教育的ではありません。班競争の中から生みだされる、班のメンバー同士で支え合い、教え合う行動とその価値が大切なのです。

　班のマスコットは今タイムリーなキャラでも、オリジナルキャラでもいいでしょう。初めてマスコットをつくった3年生の4月の班は、すぐにキャラが決まりました。どんどんリードする子が中心で、あっという間にマスコットが完成しました。

　自分たちのマスコットを発表したら、黒板の左端に並べて貼って置きます。このマスコットにシールやワッペンを付けていきます。

❂ 班のキャラがなかなか決まらない

　5月になると、班のキャラがなかなか決まりませんでした。
「どうしたの」と声をかけると、
「だってみんな自分のキャラがいいって、決まらないんです」
「みんなの全部入れて、4こ小さいキャラを集めたマスコットでもいいかな」と提案されました。
「いいんじゃない、きまりはないから」と答えると、その班は嬉しそうにみんなのキャラが入ったものが出来上がりました。

　驚いたことに、6月の班のマスコットは、班全員のキャラが入ったものがほとんどでした。集団が発展するに従って、自己主張が強くなり、ぶつかるようになり、決めることが難しくなったのです。自分の意見が言えるようになって、言いたいことが言えるようになって、集団が元気になりました。みんなの考えを大切にしようとして、つくられたマスコットだったのです。

　不思議なことに、7月になると、また、統一されてきました。一つのキャラになって来たのです。どの班もみんな小さなキャラクターの集合体のようなマスコットでは、特徴がなく、つまらないということでした。そして、一つに決める方法を合意して、決定したのです。

集団は、混沌の中をくぐり抜けて発展します。混沌の中をくぐり抜け、軋轢を体験しなければ、集団の発展はないともいえるでしょう。

❀ シールとワッペンと班活動

　班活動に取り組み、評価します。朝の会や授業中など5分くらいの時間を使ってやるミニゲームで勝った班のマスコットに、教師がワッペンを付けたり、集合が早かった班のマスコットにシールを付けたりします。シールは毎日の評価、ワッペンは班対抗のゲームのときに使うことが多いです。

　4月、5月の班評価は頻繁に行います。そうすると、マスコットにはシールやワッペンがたくさん貼られることになります。やがて、班や学級の目標を話し合い、達成した時にシール、ワッペンが付くようになります。評価が子どもたちの自主評価に発展します。さらに、シールやワッペンをいつ貼るのか、どんなときに貼るのか、子どもたちの話し合いによる評価にしていきます。

　最終的に、シールやワッペンを必要としなくなり、やめていく構想を持たなければ、それらを使ってはいけないと思います。なぜなら、行為が目的ではなく、シールとワッペンをもらうことが目的になってしまう場合があるからです。

　また、提案と評価の内容を批判できる話し合いのシステムが最初からつくられていなければならないのです。2学期のところでエピソードを後述します。

❇ MVPの班を決めよう──管理と指導

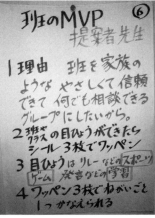

集合が早かったらシール、集中できたらシール、全員発言できたらシールなどの目標と達成が、班のマスコットに貼られたシールやワッペンで表わされていきます。帰りの会で、日直または班長会がその日のMVPの班を発表します。その評価を見える形にするために、シールの表を使うことも有効です。これも班長会と教師で原案をつくり、提案します。

大事なのは、管理と指導をはっきりさせて、子どもたちが納得するような指導をすることです。多少の強制力をもつ「管理」と、納得しなければ従ってはいけない「指導」とを区別します。「チャイムが鳴ったら席に着こう」や「ベルを鳴らしたら10秒でおしゃべりをやめよう」などの自主管理を子どもたちとつくりあげます。

MVPの班を決めよう

　　　　　　　　　　　　　　提案者　　先生と班長会

1　理由
　　班をやさしくて信頼できて何でも相談できるグループにしたいから
2　ルール
○班やクラスの目標が達成できたらシール、シール3枚でワッペン。
○全班がワッペン5〜6枚（班の人数分）たまったら、ワッペン
　パーティーを開こう。
○目標はリレーなどのスポーツやゲーム、発言などの学習

point! 教師が見せながら、企画提案のリーダー指導をしよう

（6）4月の「おたん生日会」
——班長会の指導

❀ 班長会提案を指導

　3年生の4月です。「先生にお願い」の中に出されていた「おたん生日会をやりたい」を取り上げて、初めての班長会提案を指導します。

　教師が四つ切り画用紙に、提案を鉛筆で下書きをするのです。それをもとに班長会を開きます。朝休みでも、業間休み、昼休みでもあるいは、余裕があれば給食準備中でもいいと思います。初めのうちは、班長に負担にならないように、1週間に1、2回だけ、5分以内の短い時間で班長会を開きます。この時の班長会は4～5人班の8班制、班長は班内の互選でした。班員4人が1日交代で班長になる班もありました。日替わり班長です。

　4月がお誕生日の二人にも、4月チームとして提案者になってもらいました。

　私「先生が、おたん生日会の提案つくってみたよ。読んでみるからね。質問や直したいところがあったら言ってね」

　私「どうですか。質問ないかな。直したいところないかな」

　「ドッジボールじゃなくてサッカーがやりたい」

　「フルーツバスケットじゃなくてドロケイがいいな」

　原案の班長会への移行です。集まったメンバーはまだ、リーダーとしての自覚がないでしょう。しかし、ここから、班長会が自立的に動くまで、教師の全面的なリーダー指導が続きます。やがて、教師にアドバイスを受けながらも、リーダーたちが学級を分析し、要求を聞きだしながら、原案を独自に作成できるようになります。

　班長会の話し合いで、ドッジボールはサッカーになりませんでしたが、

I　集団づくりのスタート

フルーツバスケットはドロケイに変わりました。班長たちがマジックペンで清書しました。いろいろな色を使ってきれいに書き上げ、学級会に提案しました。

４月のおたん生日パーティー

てあん（班長会＋４月のおたん生日の子どもたち）
1　わけ★学級びらきから３しゅう間です。少しずつなかよくなってきました。もっともっと元気になるようにパーティーをしましょう。
2　いつ★４月２６日（水）５時間目
3　どこで★校庭
4　プログラム
　（１）はじめのことば
　（２）ドロケイ
　（３）ドッジボール
　（４）おたん生日の人から一言
　（５）おわりのことば

❀ 実行した後は総括──まとめをして次の活動につなげよう

　実行した後は必ず、総括をします。まとめがなければ、先へ進めません。同じところに留まってしまいます。たとえ、時間がない時でもまとめをします。口頭だけのまとめ、感想やアンケート、作文のまとめでもいいのです。可能ならば、班長会で論議し、次につなげる総括提案をつくりましょう。

　提案はすべて教室に貼ります。四つ切り画用紙に書かれた提案を教室の天井のすぐ下壁面に、順番に貼っていきます。一年間で、１学期に左の壁に、２学期に後ろの壁に、３学期に右の壁に提案が貼られます。ぐるっと一周回ることもあります。討議の歴史が刻まれます。

point! 話し合いで、遊びの中に自前のルールをつくりだそう

(7)学級内クラブ──活動をつくる

❈ トラブル発生──指導のチャンス

4月のことです。学校から硬いドッジボールがクラスに2個ずつ配られました。まだ、パスさえうまくできない子も多い3年生です。私はソフトドッジボールを2つ学級費で購入して、その一つをクラスに置きました。

休み時間になると子どもたちはその緑のドッジボールを抱きかかえて、校庭に飛び出して行きました。まもなく、トラブルが報告されました。

「ラインクロスをしたのに、ここまではラインクロスじゃないって。ランクロだろ！」

「ここまでしか踏んでないのに、なんで？　違うでしょ！」

金沢くんの叫びのような訴えに、西野くんも負けずに抗議しました。殴り合いになりそうなくらいに興奮していました。3時間目が学級会になりました。

❈ ドッジボールクラブ

学級会の話し合いの結果、ルールがはっきりしていないためにトラブルになったので、ドッジボールのルールをつくろうという結論になりました。

私の勧めで、学級の中に「ドッジボールクラブ」が誕生しました。もちろん、金沢くんと西野くんがリーダーです。「ドッジボールクラブ」のリーダーとなり、二人で相談しながらルールを画用紙に書いて、それを学級会に提案しました。

> **ドッジボールクラブ**
> 提案者：金沢、西野
> ①ドッジボールのルールをつくる
> ②ルールは教室に貼っておく
> ③トラブルになったら新しいルールをつくる

　トラブルを起こす子はわがままな子、自己中心的な子と決めつけないでください。トラブルを起こす子は、自分の考えをしっかり主張できる子、集団をリードする可能性をもった子なのです。金沢くんと西野くんをリーダーにしていきます。

❁ 仲良しチームの誕生──ルール変更を教える

　しばらくすると、さつきと沙紀が朝の会で、
「ドッジボールクラブでは解決できないのでアドバイスください」
と要求してきました。問題に真っ先に気がつき、解決を求めてくる子もリーダー候補です。

さつき「男の子ばっかりボールがまわっていて、私たち女子の方にはボールをまわしてくれないんです」

沙紀「まわすようにルールつくって、と言っているのに、ルールつくってくれないので困っています」

金沢「ボールまわしていると遅くなっちゃうし、みんなつまんないって言ってくる」

西野「休み時間は短いから、まわさないわけじゃないけど、まわせないこともある」

沙紀「一度もさわれないで終わっちゃうこともあったし、どうすればいいんですか」

班の討議になった後、
「女子ドッジつくったらどうですか」と案を出したのは亜紀さんです。

> **仲良しチームのルール**
> ①まわっていない人に必ずボールをまわす
> ②強い人がやるときは強くあてない
> ③とれない人には泣くほど強くあてない

　男子、女子と分けると入りづらくなるということで、「仲良しチーム」とネーミングして第２のドッジボールクラブが生まれました。

　亜紀は「ドッジボールクラブ」と「仲良しチーム」の両方に名前を書いて、参加しました。

　私は机の引き出しからもう一つの水色のボールを出して、空気を入れてリーダーになったさつきと沙紀に渡しました。

　「さっちゃんまだだったね。はい、いいよ！　投げて」「ありがとう」

　パス回しのようなドッジボールになりましたが、ボールが初めてとれた、強く投げられるようになった、とドッジボールはますます人気になっていきました。

　２学期に入ってから「ドッジボールクラブ」と「仲良しチーム」の提案で他のクラスとドッジボール大会をやることになりましたが、３組に勝てるクラスはなく、ダントツの勝利でした。

　６月の雨の日をきっかけに、「カードゲームクラブ」ができました。１０月には放課後の遊びから「サッカークラブ」が結成され、メンバーが増えていきました。１月には外遊びより、室内でお絵かきしていることが多い子が中心の「むしむしたまごクラブ」ができて、週刊の漫画雑誌が発行されました。みなみちゃんの漫画は人気ナンバーワンでした。

　２月は学習発表会のチーム練習をきっかけに亜紀の「スペシャルダンスクラブ」が広がりました。みなみちゃんはダンスが気に入って、笑顔で踊っていました。亜紀が「メンバー１３人になったよ」といつものように後ろから私に跳びかかってきました。亜紀のやさしいリードに大きな輪ができてきました。

point! アンケートから学級の課題や要求を見つけよう

（8）学級の課題と進歩の確認

❀ 4月のまとめアンケート

毎月班替えの時に、アンケートをとります。
 1　できるようになったこと　楽しかったこと
 2　まだできないこと
 3　今、こまっていること
この3つです。

「できるようになったこと　楽しかったこと」は、クラスの前進を確認して、評価するためです。枠を広く取ります。いいところをたくさん見つけて、書いてもらいましょう。

「まだできないこと」は学級の課題です。次の班でどんな取り組みをすればいいのかを示してくれます。

3つ目の「今、こまっていること」は個人の困り具合が分かります。個別の課題を含んでいます。家族のことや他のクラスの友だちのことも、多い悩みです。

さて、このアンケートから話し合いをどう組み立て、どんな課題を見つけ、どんな要求に高め、どんなふうに集団を動かしていったらいいでしょうか。子どもたちと一緒に考えていきましょう。

このアンケートも、まとめてプリントにして配ります。「まだできないこと」には、返事としてひと言を添えます。「男の子たちとあまり友だちになれない」に対して「男子も女子も話すようにしたいね」というように、課題に対して肯定的にとらえた言葉にします。

「こまっていること」は個別の課題や人間関係もあるので、公表しません。

4月のまとめアンケートの結果

✿✿✿ よかったこと、できるようになったこと（クラスで）
- ドッジボールがたのしい　できるようになった（１２名）
- 上手いチームとまだ少ししかとれないチームとに分けてドッジボールができるので、とったりなげたりできるようになった（４名）
- ドッジボールが男子の中でできるようになった
- 女の子のボールがとれるようになった
- みんなで行動できる　協力できる（２名）
- 友だちができた　ふえた　話しかけられるようになった（１０名）
- いろんな人と話ができた（３名）
- みんなでまとまることができた
- お誕生日会ができるようになった
- クラスが元気でよかった
- 給食をいっぱい食べられるようになった
- みんながなかよくなれた（２名）
- せきがえ（はんがえ）ができた（３名）
- 友だちとあそべるようになった
- 勉強ができるようになった
- 男の子と話すことはめったになかったけど、話せるようになった
- 人間関係がうまくいくようになった
- あいさつをするようになった

✿✿✿ まだできないこと（クラスで）
- 係の言うことを聞いて整列ができない（４名）→整列係のリードを支えよう
- クラスをまとめる人のいうことを聞いてくれない→日直のリードを支えよう
- もっと意見を言ってほしい（２名）→まだ言えない人いるよね
- あまり話をしていない人がいる（２名）→いろんな人と話すようにしたいね
- 男の子たちとあまり友だちになれない→男子も女子も話すようにしたいね
- 自分から話しかけること→がんばれ
- けんかや問題を少なく→いっぱいけんかして、しっかりかいけつしようね
- たまにけんかをしちゃう→いいよ。言いたいことはちゃんと言おう
- 教室を走ったりする→ダメだよ
- クラスのいきがあわない→どんなところがあわないかな。考えようね
- なし（２４名）

point! リーダーに少しずつ任せながら自治の世界を広げよう

(9) 5月の「おたん生日会」

❀ 5月は班長会に任せて

　3年生の5月です。8人いた班長の中で亜紀と優子が「5月のお誕生日パーティー」原案をつくって見せに来ました。
　「4月とだいたい同じです。ゲームもみんな同じでいいっていうから、ドロケイとドッジボールにしました」
　4月は私が中心に、提案づくりを教えながらリードしました。5月は班で互選された班長会に提案を任せてみました。
　「いいけど、5月のお誕生日の人って知ってるよね。いっしょに5月チームの人（5月のお誕生日の人たち）も提案のメンバーに入ってるよね。何やりたいか聞いてみたかな？ 5月の人のお誕生日パーティーだからね」
　「そっかー。聞いてみますっていうか、聞いてなかったかも」
　5月のお誕生日には、春木くんがいます。彼はボールを怖がって、ドッジボールがやれません。

5月のおたん生日パーティー

　　ていあん（班長会＋5月チーム）
1　わけ：クラスがなかよくなってきました。もっともっとまとまるようにパーティーをしましょう。
2　いつ：5月17日　5時間目
3　どこで：校庭
4　プログラム：しかい（　　）
（1）はじめのことば（　　）
（2）けいどろ（　　）
（3）S字ジャンケン（　　）
（4）おたん生日の人から一言（　　）
（5）おわりのことば（　　）

❀「S字ジャンケン」に変更
──教師が教えるより子どもたちに気づかせよう

　班長たちが発達の遅れを抱えた春木くんのことをわかってくれると考えていました。思った通り、班長会と5月チームの提案のプログラムは「ドッジボール」から「S字ジャンケン」に変更されていました。

　「5月チームには春木くんがいるでしょ、先生も知ってると思うけど、春木くんはドッジボールがこわいの。4月はやれなくて、砂にお絵かきしてたから、S字ジャンケンならできるって、みんなで決めました」

　学級会での厳しい質問にも、

　「5月のお誕生日の中には、春木くんがいます。ハルちゃんはボールを怖がってドッジボールがやれないので、今回は『S字ジャンケン』にしました」と応答していました。

　「『S字ジャンケン』だよね。『S字ジャンケン』やろうね」と春木くんもにこにこ嬉しそうでした。

　リーダーが原案づくりを通して動き出します。

point! やる気と集団への責任をもつ"班長立候補"を教えよう

(10) 班長立候補制の班づくりへ

❀ 班長立候補の班へ

　好きな者同士の班づくりをくぐり抜けながら、教師と班長たちとでつくる班へと進みます。やる気と集団への責任をもって班長が立候補し、班長と教師で班編成をします。

　班長立候補制の班は、まず立候補した班長がひと言ずつ、どんな班づくりをしたいか、抱負を言います。

　「わたしが班長になったら、仲良しの班をつくりたいです。何でも言い合える班にしたいです」

　全員言い終わったところで、選挙します。無記名で、班長の名前を紙に書いて投票します。8班の班長を選ぶときは、立候補者の中から8人の名前を書きます。そうして選ばれた人が班長になります。

　班長と教師とで話し合って班編成をします。

　「〇〇は、まだ一緒になってないから、なりたい」

　「大人しい子は話しやすい子と一緒にした方がいい」

　といった具合に、決めていきます。

　班長は、休み時間の3〜4分や、テストが早く終わったときなど、黒板の前で先生も一緒に「班長会」を開きます。

> point! 最初に気づく、最初に声を出すリーダーをそだてよう

(11) 好きな者同士の「自由席給食」

❁ 自由席給食

給食前に班長の亜紀が相談に来ました。
「先生、3班と1班と机くっつけて給食を食べていいですか」
「いいと思うけど、どうして？」
「1班は、女の子と男の子、みんな笑ってて、おしゃべりが楽しそうで、うちの班、ちょっと静かすぎて…」
「そうか、みんなにいいですかって聞いて、それから動かそうね。いい提案だね。いろんな人と食べられるように自由席もいいね」
「自由席？ おもしろそう。やりたい。班長会で提案つくっていい？」

亜紀は、黒板の前で、
「3班と1班と机くっつけて給食を食べていいですか」と聞きました。

子どもたちからは、「いいです」という声があがりました。すると、7班の優子も
「7班と6班と机くっつけて給食を食べていいですか」とみんなに聞き始めました。最初に気づく者、最初に声を出す者がリーダー候補です。自分の要求が、みんな

の要求と合致し、みんなの代表として自覚するとき、リーダーが誕生します。

その後、自由席給食の提案が、班長会から出ました。週に1度、自由席で給食を食べることになりました。

```
              自由せき　きゅう食
                              てい あん　はん長会
  1   わけ　みんなで楽しく食べる
  2   いつ　1学き　まいしゅう　水よう日
  3   やくそく　①ひとりぼっちにしない　②先生もさそう
          ③たのしくたべる
```

❀ この次食べようね
　　──考えを出し合い、修正しながらみんなで決める

班長会提案の『自由席ランチ給食』は好評でしたが、予想外の修正案が出されました。素直な思いと本音が見えました。

子どもたちから4つめのルールが出されました。それは「④みんなをさそう」ということでした。しかし、「④みんなをさそう」というルールでは自由にならないから、いやだったら断りたいという意見も出されました。

「合う人と合わない人がいる、合わない人と食べるより『この次食べようね』ってやさしく断ればいいと思います」

優子の明るくきっぱりとした言い方に、賛成意見が続きました。全班一致で

「『この次食べようね』ってやさしく断り、次のときに誘う」というルールが決定されました。

私は最後に、

「反対が4人いたでしょ。先生もだれとでもOKだから、食べる人探

してるときは、5人のところに来てね。楽しく食べられるようにしようね。自由席がうまくできなかったら、また話し合おうね」

と言っておきました。亜紀は最後まで反対を主張していました。

「わたしも誘われたら断らないでみんなと食べた方がいいと思うので、誰でもいっしょに食べます。わたしのところに来てね」

と付け足しました。

週1回の自由席が始まってみると、亜紀も自分の仲間を集めて嬉しそうに仲間づくりを楽しんでいました。誘い合い、おしゃべりや笑いで盛り上がり、順調でした。

❀「入れて」と言われたら断らない
　　──何度でも決め直せることを教えよう

さつきと亜紀の呼びかけで状況が変化しました。はじめは言いづらいから言えない、と退いていたさつきでしたが、私と亜紀に押されて立ち上がりました。

さつき「聞いてください。私は断られることが多くて『この次食べようね』ってやさしく言ってもらっても、いやです。私は『断ってもいい』に賛成したんですけど、断られる方の気持ちを考えてください」

亜紀「みんな気づかなかったのかもしれないけど、今日は春木くんは誰からも誘われなかったし、少しだけどどこ行っていいか分からなくて、うろうろしていたのを知ってる？　自由席について、もう一度話し合ってください」

話し合いの結果、

①みんなを誘い合う、「入れて」と言われたら断らない。

②でも、けんか中など特別な理由がある場合は断れる。

と決めました。話し合う中で、さつきは優子のグループに入りたかったけれど、上手に断られているということや、春木くんは土田くんといっしょがいいんだということが明らかになりました。

point! 違った意見を出しながら決めることの楽しさを教えよう

（12）原案指導「1学期まとめの会」

　年間に何度か丁寧な原案指導をします。例えば運動系の「ドッジボール大会」「サッカー大会」「ハンドボールリーグ」「キックベース大会」「風船バレーボール大会」、文化系の「トランプ・ウノ大会」「紙飛行機飛ばそう会」「水鉄砲で遊ぼう会」「ハロウィン迷路」「社会科　警察の仕事　まとめで劇に取り組もう」などのイベント提案があります。また、生活の中では「チャイムが鳴ったら1分で着席しよう」「1日1回の全員発表に取り組もう」「日直のベルが鳴ったら20秒で集中しよう」などの提案があります。

　ここに紹介する「1学期まとめの会」原案は、3年生の子どもたちと一緒につくったものです。最初に班長会で原案を作ります。その時に、班長会の子どもたちと教師の対立を二つの点で演出しました。

❀ 劇のテーマ──教師が視点を変えて反論を教える

　班長会で、1学期まとめの会について、話し合います。
　まず、劇のテーマです。
「3組最高」というテーマがいいと考えついた子どもたちに、
「1学期一番がんばってきたのは誰かな」
と、とぼけた質問を投げかけました。少し考えてから、
「一番がんばっていたの先生かな」
という声が出ました。
「そうだよね、先生よくがんばってたよね」
とほめてくれました。
　私「そうでしょ、そうでしょ。だから、3組最高じゃなくて、『先生最高！　3組思い出いっぱい』がいいよ」

「それ、いいね」

「だめだめ、先生もがんばっていたけど、3組みんながんばってたんだから、『3組最高』がいいんだよ」

「先生、おとなげないなあ、3組の中には先生も入っているんだから」

私「そうかなあ、やっぱり、一番がんばった先生の名前が入らないとなあ…、じゃあ、2つの案でみんなに考えてもらうというのはどうかな」

「それ、いいね、でも先生の案だめだと思うけどね」

❀ 水風船わり──意見が分かれる時には学級会で決める

もう一つは、水風船わりです。10個の水風船わりの企画が、班長の一人から出されました。笑顔いっぱいになった子どもたちに、

私「教室で水風船は、危険だなあ。水を頭に被って、びしょびしょに

Ⅰ　集団づくりのスタート

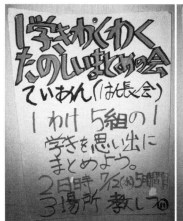
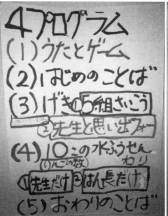
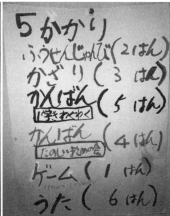

▲班長会提案の「1学期まとめの会」の企画原案

なっちゃうから、ここは先生の出番だね。先生が全部わるよ」
　「えー！　先生に風邪引かせるわけにはいきません。班長会がわります」
私「班長会のみなさんに紙吹雪の風船ならいいけど、夏の暑い中で水を浴びさせるわけにはいかないなあ」
　「いやあ、1学期がんばった先生に、水をかけられないなあ」
　「じゃあ、ここも班長会か先生か、みんなに決めてもらおう」
　「いいよ」
　「話し合い楽しみ」

❀ 学級会で原案について討議

　学級会の討議がどうなったかは想像がつくでしょう。先生は確かにがんばっていたから「先生」をテーマに入れてもいいけど、先生は3組の仲間だから「3組最高！　思い出いっぱい」としようと結論が出ました。
　また、水風船わりは危険なものではなく、夏の暑さの中で楽しいものだから、やりたい人がやれれば嬉しい。やりたい人の分だけ風船をつくろう、立候補した人みんながやれるようにしよう、と決まりました。
　みんなが納得のいく、民主的な討議の流れを教えるための仕掛けだと考えます。

１学期わくわくたのしいまとめの会

　　　　　　　　　　　　　　　　　ていあん（はん長会）

１　わけ　３組の１学期を思い出にまとめよう。
２　日時　７月１２日（水）５時間目
３　場所　教しつ
４　プログラム
（１）うたとゲーム
（２）はじめのことば
（３）げき　テーマ　①３組さいこう！　②先生さいこう！思い出いっぱい
（４）10この水ふうせんわり　①先生だけ　②はん長だけ
（５）おわりのことば
５　かかり
　　ふうせんじゅんび（　　　はん）
　　かざり　　　　　（　　　はん）
　　かんばん「１学きわくわく」（　　　はん）
　　かんばん「たのしいまとめの会」（　　　はん）
　　ゲーム　　　　　（　　　はん）
　　うた　　　　　　（　　　はん）

II 集団づくりの発展

> point!　公と私が混じり合うユニットで指導する

(1) ユニット給食 〈9〜10月〉

❀ **ユニット班**
　　——生活班と別の好きな者同士グループで仲間づくりをしよう

　2学期は給食の席も発展していきます。週に一度の「自由席給食」から、仲良しグループを固定した「ユニット班」で食べる「ユニット給食」に変わっていきました。「ユニット」が初めてできたのは、こんな流れでした。

　高学年を受け持ったときのこと。生活班もいいけれど、やっぱり好きな者同士の方がいい、という意見の中、どうしようかと考えていると、一人の女の子がつぶやきました。

　「好きな者同士のグループも残してダブルの班はどう？　好きな者同士の班と、普段使う生活班の2種類の班を並行してやるのはどうかな？」
私「班がダブル？　いいなあ」

　ダブルの班とは、2種類の班をつくり、その時々によって使い分ける班体制です。

　「自由席給食みたいに誰とでも自由に組んでいいの？」
　「先生、いい？」
私「いいんじゃない。でも、何につかうの？」
　「給食当番とか、そうじとか」「対抗戦は班がいいな」
私「授業もいいかも」
　「授業もいいですか」
私「全部じゃないけど、要求があったら考えるよ」
　「人数とか男とか女とか自由でいいなあ」
私「じゃあ班じゃなくて、いい名前ない？　サークルみたいな」

Ⅱ　集団づくりの発展

「ダンスサークル（学級内クラブ）みたいな、『ユニット』っていい」
「『ユニット』って何？　どういう意味？」
「先生、ユニットってなんですか？」
　こうして、好きな者同士の公的なグループ＝ユニットができました。それ以来、２種類目の班として、積極的にユニットを活用しています。

　班長会で「班がえ案」をめぐって意見が対立しました。
「好きな者同士がいい、やっと仲良くなれたから」
「９月の班がえのとき、10月の班がえは好きな者同士をやめて、だれとでも組めるようにしようってなったでしょ」
「そうだよ。いつまでも好きな者同士じゃ、仲良くなれない人ができるし」
私「好きな者同士を残して、ダブルの班はどう？」
「班を２種類つくるんですか」
私「生活班とは別の〝ユニット〟というグループをつくって、給食も一週間に１回ユニットで食べるのはどうかな」
　こうして、その時々でユニットと生活班の２つを使い分ける、ダブルの班体制が始まりました。ユニットは、人数も３人以上なら自由、男子だけ、女子だけでもＯＫです。「仲良しグループ」に近い班です。

　ユニット班での給食は、班長会が提案し、クラスでも喜んで受け入れられて、ユニット給食が始まりました。

　春木くんは土田くんのユニットに、さつきは優子のユニットに入っていきました。小さな居場所が見つけられました。

　本音の話し合いを繰り返す中で、「入れ

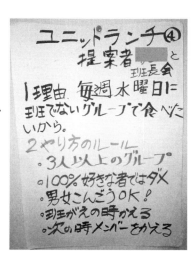

> **ユニットきゅう食**
>
> 　　　　　　　　　　　　　　　てい あん　はん長会
>
> 1　理由　★班ではなく、いろいろなグループで楽しく食べたい。自由席は席を動かすときこんらんするから。
> 2　日時　★毎週水よう日・10月30日まで
> 3　ルール　○3人以上のグループをユニットとする。
> 　　　　　　○好きな者同士でもいい。
> 　　　　　　○男女いっしょでもいいし、別でもいい。
> 　　　　　　○ユニットをかえるのは自由。
> 　　　　　　○朝の会でかえたことをほうこくする。

て」と言われても断る必要のない関係になっていきました。お互いに言いたいことを言い、その要求を叶えるように話し合い、これに応えていくことが信頼し合う関係を築くのです。

「ユニットで食べると話ができて楽しい」

「すごく仲良くなれた」「もっといろんな人と話したい」

「みんなを誘い合う」ということは、ルールではなく、お互いを理解し合う中で関係性が変化し、必要のないルールとなりました。ルールは修正を繰り返し、いつか関係が変化し、それは廃止されていくということです。

❀ 公と私が混じり合う場所──生活班とユニット班

　生活班は、給食やそうじ当番、授業中に意見交換をしたり教え合ったりする学習班として機能します。毎日一緒に過ごす仲間ですから、居心地のいい場所となることが大切です。安心して要求が出せるメンバーがいて、自分が受け入れられ、相手を受け入れることで、信頼関係を築いていくことが、クラスの基礎となります。

　しかし、好きな者同士で構成した班にすると、休み時間に遊ぶときも、

給食の時間も、そうじ当番の時も、いつも生活班と同じメンバーで行動する、ということにもなりがちです。

　９月頃になると、好きな者同士にこだわりつつも、班長立候補を受け入れます。立候補した班長が、どの班も拮抗するように、教師と共に班をつくっていきます。班長はクラスの信任を受けていますから、クラス全体がまとまるように班をつくります。

　子どもたちもそれを受け入れていきます。グループはどんな形でもでき、それは楽しい仲間づくりになるということがわかってくるのです。しかし、まだまだ好きな者同士でいることが楽しい時期です。

　子どもたちは、生活班を考え方の違うメンバーでつくることで、学級や自分を成長させることを理解できるようになります。しかし、それでも好きな者同士の方が楽しい、気軽に話せる、居心地がいいと考える子どもたちがいることを前提につくります。好きな者同士の班から、班長立候補制の班編制に移行するときに必要なもの、と考えています。

　班長立候補制になると、生活班は私的要素の少ない公的なものとなります。「それではつまらない。もっと仲良しグループでいたい」という声に応えて、私的に近いグループを公的に「班」と位置づけたもの、それが「ユニット班」です。

　私たちの生活の中には、公と私が混在しています。公は私に影響を与え、私もまた公に影響します。だから、学校での公的な取り組みを通して、子どもたちの価値観が変化し、それにより子どもたちの私的な関係も変わっていくと考えます。

　「公と私が混じり合う場所」に指導の必要性と可能性があると感じています。いつまでも好きな者同士にこだわるのではなく、卒業させるのでもなく、この二つは同時に存在するものとしてとらえます。これらは、統一と分裂を繰り返しながら、進む関係として位置づけたいと思うのです。班長立候補という民主的制度を指導するために、私的な要素の濃い好きな者同士を「ユニット班」に移行させ、指導の対象にします。

point! 批判しあえるちからを育てよう

（2）シールとワッペンの代わり
―― 評価をものから言葉に変える〈11月〉

❀ シールやワッペンの取り組みからの変化

　2学期、班長会でワッペンについての相談をした時の様子です。
　「11月はハロウィンのワッペンだったから、12月はクリスマスのワッペンだよね」
　「ワッペンづくりのボランティアチームも手伝います」
私「3学期はワッペンやシールの評価なしでもいいかな」
　「えー、ワッペンほしい」
　「ワッペンがあるとみんなやる気になるから、あった方がいいと思う」
　「ワッペンがなくても、みんなやると思う。ワッペンのために取り組みするんじゃないって、前に話し合ったでしょ」
　「でも、ワッペンほしいな」
　「先生、ワッペンつくるの大変だからね」
私「ボランティアチームがあるから大変じゃないけど、ワッペンがなくてもクラスの取り組みは変わらないと思うよ」
　「班がえの時に、全員にワッペンをがんばり賞として渡す、というのはどうかな」
　「いいね、それがいい」
　シールやワッペンは見える形にした評価物です。クラスの中で話し合い、批判し合える力がつくと、これらのシールやワッペンを必要としなくなってきます。提案と評価の内容を批判できる話し合いのシステムをつくり、何でも言い合える教室をつくります。

Ⅱ　集団づくりの発展

❀ 批判しあえるちから

　子どもたちが自主的に行っているように見えるこの提案と評価には、管理主義の可能性が含まれています。なぜなら、このシールとワッペンの取り組みは、目標を達成することが目的ではなく、本当の目的は、その目標が間違っていないのかを批判的に検討できる集団のちからを育てることだからです。目標や提案、ルールを改廃することがめざすものだからです。

　目標や提案、ルールを改廃することができるようになった後半には、シールやワッペン実践を終了します。あるいは、短い期間で限定的に使います。話し合い、批判しあえるちからがシールやワッペンの代わりになります。

　低学年では１年を通してやるときもありますが、高学年では、必ず「もうシールやワッペンはやめよう」と言う子が出て来ます。

point! 提案も実行も、子どもたちのものにする

(3) 班長会 VS 教師 「2学期まとめの会」〈12月〉

❀ 提案で対立

　1学期まとめの会を教師が指導できたということは、2学期まとめの会は班長会が独自につくるちからをもったということです。教師と相談しながら、自分たちの案を示せます。そこで、2学期は提案で対立しようと考えました。こんな仕掛けもあります。

　班長会の裕二と昼休みにおしゃべりをしていました。
私　「班長会の2学期まとめの会の提案はまだかな、先生も手伝おうか」
裕二「今、考え中です。まだ、3週間あるから大丈夫です」
私　「でも、1学期も時間が足りなかった、とまとめをしたと思うけど」
祐二「みんながなかなか集まらなくて」
私　「そうか、やる気がないわけか。でも、みんなが楽しみにしてるよ、まだかなって言ってたよ。先生もつくってみようかな。班長会の案と対決しようよ」

　そう言って、その場で画用紙に鉛筆で下書きを始めました。すると、他の子たちが集まってきて、覗き込んでいました。

　休み時間が終わって班長会のメンバーも集まってきました。「また、先生何かやってるよ」と言いながら見ていましたが、何かちょっと風変わりな提案にそわそわ落ち着かない様子が伝わってきました。

❀ 班長会確立への一歩

　「学習って何」「テストって何で」「先生だけの劇？」そんな声が聞こえてきました。私は聞こえないふりをして、黒のマジックペンで書きあげて机の上にそのままのせておきました。それから、班長たちに「こう

Ⅱ　集団づくりの発展

> **2学期たのしいまとめの会＆トナ会**
>
> 　　　　　　　　　　　　　　ていあん（先生）
>
> 1　わけ　たのしく学習しよう。
> 2　日時　12月22日（木）1・2時間目
> 3　場所　教室
> 4　プログラム
> 　（1）はじめのコール
> 　（2）なんでもクリスマス
> 　（3）風船わり
> 　（4）算数テスト、漢字テスト
> 　（5）2学期の感想（全員）
> 　（6）トナカイのげき（先生だけ）
> 　（7）おわりのコール

いうのが対案っていうんだよ」と説明をしました。

　今、作成途中の班長会の提案より簡単なものですが、教師提案として出してみます。班長会は知恵を出し合って、もちろん全力で挑戦してきます。その日のうちに班長会の提案もできあがりました。

　学級会の結果は、もちろん、班長会提案が採決されました。教師提案の否決です。嬉しそうな子どもたちの姿が浮かびますか。提案も実行も、子どもたちのものになっていきます。班長会確立への一歩です。

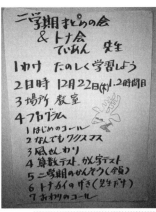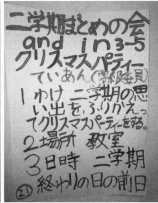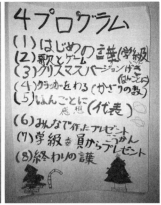

▲教師案(左)と学級委員案(右)の対案

2学期まとめの会 and クリスマスパーティー in 3−3

てぃあん(はん長会)

1　わけ　2学期の思い出をふりかえってクリスマスパーティーをしよう。

2　場所　教しつ

3　日時　2学期終わりの日の前日

4　プログラム

(1) はじめのことば

(2) 歌とゲーム

(3) クリスマスバージョンのげき(班ごとに)

(4) クラッカー

(5) 班ごとに感想

(6) みんなで作ったプレゼントこうかん

(7) 班長会からサプライズ

(8) 終わりのことば

5　かかり　　かざり(　　　はん)

　　かんばん「2学期まとめの会」(　　　はん)

　　かんばん「クリスマスパーティー」(　　　はん)

　　かんばん「and in 3−3」(　　　はん)

　　ゲーム　　　(　　　はん)

　　うた　　　　(　　　はん)

> point! 子どもたちの要求、活動、世界を広げる

（4）新班長会の「3組とさよなら会」
〈3月〉

❀ 班長会確立への一歩

　班長会は、どんどんメンバーを広げて、リーダーが広がっていきます。同時に、活動が広がり、子どもたちの独自の発想で学級が動いていきます。教師が子どもたちの相談役であり、ある時は、子どもたちが教師にとっての相談役となります。

　あっという間の1年間です。初めての学校で分からないことがいっぱいでしたが、楽しい時間を過ごすことができました。

　現代の学校の役割は、二つです。陶冶と訓育、言い換えると教科指導と教科外（道徳、特別活動など）指導、あるいは学習指導と生活指導です。さらに別な言い方をすれば科学的知識と人格形成でしょうか。いずれも完全には重ならない二つの言葉ですが、この二つが教育の根幹、両輪だったのです。

　しかし、現在は学習指導に傾斜しているように思います。人格の形成は大切な教育の目的です。そして、人格の形成は子ども集団の中で行われるもの、子ども集団の中でしか完成しないものなのです。なぜなら、生活指導は行為、行動を対象とする指導だからです。トラブルを起こして初めて指導が行われたり、学んだりするのです。

　地域のかかわりの希薄さや少子化の中で、学校という場の役割はますます大切になるのだろうと思います。子どもは、子ども時代を子どもとして生きる権利があります。子どもたちはトラブルを起こしながら成長をします。逆を言えば、トラブルがなければ成長はしないと言うこともできます。子どもたちが安心して問題を起こし、ゆっくり乗り越えていけるように、解決の方向をアドバイスし、見守れる大人でありたいと思

います。
　この１年の私の学級づくりの目標の一つは、私と子どもとの関係づくりと子どもと子どもとの関係づくりでした。仲間を見つけ、仲間を増やし大きな広場ができたことを確信しています。
　子どもたちから「サプライズ」のアルバムをもらいました。感激です。
　「先生はわすれてしまってもいい、この３組の広場で出会った仲間を忘れないでください。１年間、本当に楽しかった。毎日学校に来るのがうれしかったよ。ありがとう」「笑顔わくわく３組とさよなら会」で、私が子どもたちに贈った言葉は「ありがとう」でした。

笑顔わくわく３組とさよなら会

　　　　　　　　　　　　　　　　　　ていあん（実行委員会）

　プログラム
1　うた１「勇気１００％」
2　はじめのよびかけ（子どもたちの創作）
3　うた２「ビリーブ」
4　出し物チーム
　　リコーダー「この星に生まれて」「ビリーブ」
　　人形かみしばい「きつつきの商売とその後」
　　げき「だれも知らない無人島」（「たからものをさがしに」の創作）
　　お笑いと詩の群読
　　ダンス「ありがとう」
　　リコーダー「かっこう」「あの雲のように」
　　　　　　　「聖者の行進」「エーデルワイス」
　　うた「たんぽぽ」
5　おわりのよびかけ（子どもたちの創作）
6　うた「思い出のアルバム」
7　プレゼントと感想

point! 学期を振り返りながら、レク、劇、感想で成長を確かめる

(5) 高学年の集団発展 学習発表会へ

❀ りんごの木と１学期まとめの会

　高学年の子どもたちは、まだ体や学習の力は成長の途中ですが、精神的にはおとなに近いところにいます。一つ一つのことを丁寧に説明し、納得のいくように一緒に進めることが大切です。また、子ども同士の関係、自前の文化ができ始めています。子どもたちのつながりや、子どもたちの今ある文化を大事にすることも必要になってきます。

　高学年では管理主義的に言うことを聞かせる指導になりがちですが、指導はより丁寧に、さらに子どもたちの考えを生かして、一緒に学級づくりを考えていかなければなりません。

　４月の学級開きからの出来事一つ一つを学級の「りんごの木」にりんごの実として貼っていきます。クラスの歴史を視覚で確かめられるようにしています。「学級の木」あるいは「学級の宇宙船」など、どんなマスコットにするか、リーダーたちと相談するところから始めてはどうでしょう。りんごが何個貼られるか、どんなりんごが貼られるか、それがクラスの歴史です。

　「学級開き　楽しい一年間始まるぞ」

　「自由席給食　最高」

「バスケット大会　大活躍　準優勝」
「係と部・サークル活動　いろいろな活動楽しかった」
「社会科見学　約束まもれた　レク　ラッキー」

　１学期まとめの会は、活躍した一人ひとりに拍手しながら、紙吹雪の入った風船割りをしました。「４回のお誕生日レク　班長会・レク係ありがとう」と言いながら、班長会・レク係のメンバー一人ひとり拍手して、紙吹雪の入った風船を割るのです。

　「クラッカーやりたい」というリーダーたちの要求に応えて、考えだしたのがこの「紙吹雪風船」です。膨らます前の風船に小さく切った色紙を入れます。膨らますと紙がシャカシャカ風船の中に入ります。もちろん割ったら紙吹雪です。拍手が自然におきます。

　最後の風船は、なんと「関口先生　なかなかイケてるじゃん」です。
「バスケット大会（６月）のりんご、キャプテンの関根くんと賀茂さんに貼ってもらうのでいいかな」
「北ちゃんもがんばってたよ」
「有ちゃんも」
「じゃあ、どうする」
「４人で貼ってもらおうか」
　こんな班長会のやりとりを楽しんでいます。

❀ 教師の楽しい構想を持って

　まだ夏休みにならないのかと思うほど暑い日が続く７月です。窓をいっぱいに開けても、風は重くて、エアコン付きのパソコンルームに避難しても、状況に変化ありません。私はレク係のさつきと代表委員のひかりに直訴しました。
「ねえ、水遊びしようよ」
「えー、いいの？　やりたーい」
教師の発案とレク係の原案で企画された水遊びはテンション高く、校

Ⅱ　集団づくりの発展

庭でバケツの水をかけあう水合戦になりました。涼しくて楽しかったのですが、ちょっぴり冷えました。

　水てっぽうでの水のかけあいは、教師も楽しんでください。きっとすべての着替えが必要になります。心の準備と着替えの用意を忘れずに。

　1学期のまとめは簡単にして、思いきり遊びバージョンで思い出をつくってみることもあります。まとめはビデオを活用した映像と一人一言の感想でちょっと振り返ります。

　さあ、教師の楽しい構想を持ってリーダーたちを集めましょう。学級の班長会、レク係、輪番の計画委員（計画委員は班長を卒業してリーダー層を厚くするためにつくります。つまり、新メンバーで班長会がつくられた頃、元の班長たちが活躍できる場としてつくります。11月頃〜3学期の課題です）、学級委員中心のリーダー会、学期まとめの会プロジェクトチーム、学級の現状に合わせてリーダーたちを集めます。子どもたちのアイデアを引き出すようなリーダー会議にしてください。子どもたちの発想の豊かさに驚くでしょう。

❀ 思い出はドラマ化して──２学期まとめの会

　出来事一つ一つを学級の「りんごの木」に「りんごの実」として貼って、クラスの歴史を視覚で確かめられるようにした１学期です。２学期はさらに少し工夫してみましょう。
　班長会で一週間後の２学期まとめの会について話し合っていました。プレゼント交換とゲーム、かざり、看板の相談の後、私から「劇をやりたい」と誘いました。
「劇、やりたい」「ダンスもやりたい」「修学旅行の劇やりたい」
「グループどうする」
「好きな者同士がいい」
「えー、また？　男子も入れてやりたい。班がいい」
「やりたい劇で集まってやりたい」
「班でいいよ。班に好きな人入ってるし」
「修学旅行の行動グループも好きな者同士だったし、修学旅行後の『日光まとめ新聞』も好きな者同士のユニットだったから、班にしたい」
　話し合いの結果、生活班での劇に決まりました。
　１班は運動会をテーマにコミカルな劇をつくりました。２班は修学旅行の足尾銅山見学をコントにしていました。３班は２学期の全体を描いてまとめていました。４班は日光修学旅行の夜をテーマにして盛り上がっていました。
　その笑いと活動は仲良しユニット班の男女別の取り組みよりも嬉しそうで、たのしそうでした。賞品のワッペン３枚は４班に贈られました。高学年ではワッペンという物よりも、その裏側の意義と評価が大切です。
　私も劇に参加したかったのですが、羨ましそうに横目で見ながら遠慮しました。明日から冬休みという寒い日でしたが、子どもたちの熱気でぽかぽかした教室は春のようでした。
　劇を意図的に入れ、私の構想に引き込みました。しかし、「やりたい」

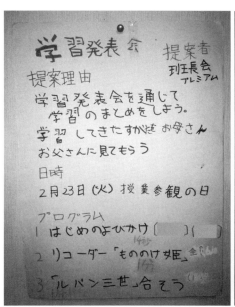 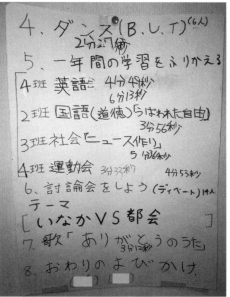

班長会提案の学習発表会の提案

という子どもたちの同意がなければできないし、やってはならないと思います。

　子どもたちが主体に取り組む活動にします。コント的なノリ、ギャグにストップをかけず、シナリオから演出、すべてのプロデュースをまかせながら、リーダーを育てる視点をもってください。

　学期まとめの会は学期のまとめをすることも大事ですが、1・2学期はその学期を振り返りながら、お楽しみ会、レクを中心に、振り返りの劇、振り返りの感想発表などを入れます。この会一つ独立して取り組む価値があります。つまり、この会で子どもたちの共同と自治をめざすのだと考えていいと思います。

❀ 学年末の学習発表会

　学年終わりは1年間のまとめとしての学習発表を、授業参観に合わせて企画します。学習発表会を子どもたちと相談します。

「ディベートがいいかな」

「社会の？　国語の？　テーマは何？」

「計算大会か漢字大会はどう？」「でもテストでまとめはいやだな」
「やっぱり体育がいいな、サッカーかドッジ」
「また？　学年のまとめでしょ。違うのがいいな」
「班で教科を決めて、好きなところを発表するのは？」

　4班は英語劇に挑戦しました。英会話（週に1時間）で学習した買い物ごっこの会話を劇にしました。もちろんギャグが入っていました。

　2班は道徳の副読本にある「うばわれた自由」を劇にしました。シナリオをつくり、役を決めて大道具、小道具をたくさんつくりました。

　3班は、社会科の授業で取り組んだ「ニュース番組づくり」に再チャレンジしました。本物のビデオカメラとテレビを使っての生番組です。

　1班は運動会の応援団と騎馬戦をコントにしました。学習発表会は大盛況でした。

　子どもたちの提案づくりはまだまだ続きます。完成品ではなく、どんな要求があるのか、どんな活動ができるのか、どんな世界を拓くのか、それがねらいです。実は「まとめの会」ではなく、さらに広げる「ひろがりの会」なのかもしれません。

III

集団づくりの構想

> point! 自治をめざすための構想をもとう

(1) 集団づくりの構想図

❀ なぜ集団づくりなのか

　学級が始まるその日から、集団づくりを始めます。

　学級は自らの目的をもった集団ではありません。その意思に関係なく、学習のためにたまたま同席した子どもたちです。それは群れの状態です。学校を背負う教師が、その群れに目的をもたせて、学級をつくります。担任であれば、誰でも、学級づくりをします。私が学級づくりではなく、「学級集団づくり」と「集団」を強調する理由は、集団を意識した学級をめざすためです。

　私たちは、意識する、意識しないにかかわらず、学級という「集団」を目の前に教育活動をしています。集団を相手にしながら、集団の発展法則がわからなければ、壁にぶつかり困惑します。壁にぶつかった学級集団のそのときの状態を「いじめ」「学級崩壊」といろいろな呼び方で表しています。

　今ある集団の状態を分析し、どう変化させていくのかという見通しをもてば、より民主的な学級集団に変革することができるのです。それは「いじめ」「学級崩壊」を乗り越えることが可能なのです。

　対等な立場でものごとを考え、違っていたらそれは違う、と言える学級集団をつくります。そうした集団のちからでつくりだされる人格をもった子どもたちは、問題に直面しても仲間とともに乗り越えていけるのです。

III　集団づくりの構想

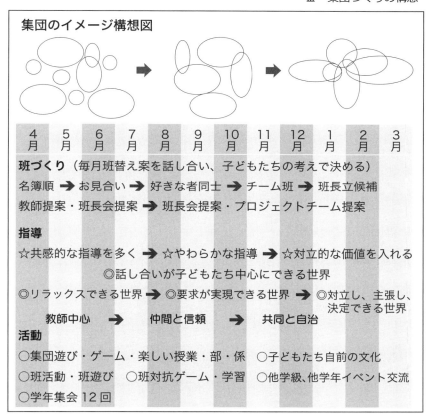

❀ 子どもたちの自治の世界

　教師の考え方を中心に学級集団を強圧的に主導すれば、やがて、集団は教師の思いのままに動く学級になるかもしれません。教師の管理と支配は、一見、包まれた穏やかな和に見えるかもしれません。しかし、管理と支配は、一方でそれに苦しむ子どもたちを必ず生み出します。彼らは、少し考えの違う子どもたちとして排除されることもあります。

　集団はどの方向へも進みますが、指導せずに黙って見ていても、予定調和的に民主的な集団にはなりません。

　子どもたちの考えを大切にしながら、話し合いを重ね進みます。子どもたちの子どもたちによる自治的な活動の中で初めて、民主的な価値観、

道徳観を見つけだすことができるのです。行為、行動の中からつくりだされた価値観、道徳観は本物です。それは、押しつけられたものではないからです。

憲法のめざす平和と基本的人権の尊重と国民主権の考えをもとに、子どもたちと共に民主的で自治的な学級集団をつくります。さあ、成文化された教師原案から学級集団づくりを始めましょう。ずっと、ずっとその先に、教師原案を乗り越えて、子どもたちが活動する子どもたちの自治の世界が待っています。

❀ 集団づくりの構想

わたしたちは学級集団づくりのための構想をもつ必要があります。それは一つではないだろうし、変更してはならないものでもないだろうと思います。大切なのは、いつでも「民主的な学級集団」「民主的人格形成」をめざしていることの自覚と、今ある構想を改廃し、発展させようとする意思です。それは、教師と子どもたちの共同作業です。

その構想を更新することを前提に、まずは自治をめざすための構想をもつことです。

point! 子どもたちが子どもたちに働きかけるようにする

(2) 自主管理——チャイム席、おしゃべり、整列

❀ 遊びたい、おしゃべりしたいが子どもの要求

「チャイム席は守らないし、おしゃべりは多いので、強く叱ってますが、雰囲気が悪くなります。どうすればいいですか」と同僚や他校の先生から相談されます。

もっと校庭で遊びたい、いっぱいおしゃべりしたいと願っているのが子どもたちです。私たちもかつてそうであったように。

ところが、私たちは、子どもは教室で座っているのが当たり前、おしゃべりしないで、話を聞くのが当然と思ってしまうのです。そのような見方は、「従順でおりこうさんの子ども」を社会に送り出すことを学校の主たる役割とする学校観であると思います。

「遊びたい」「おしゃべりしたい」が子どもの要求であると考えたときに、その要求に応えられる授業や活動を考えることが一つです。もう一つは、学校が当然のことのように押し付けてくる、様々なルールを子どもたちと考えることです。

❀ 指導とは、子ども自身が納得して行動するようにさせること

授業を成立させ、集団を動かすということは、教師から子どもへ「指導」と「管理」を必要とします。教師が行う「指導」とは、子どもを納得させて行動させることであり、教師が行う「管理」とは、子どもが納得するかどうかにかかわらず、行動させることと定義します。

「管理」は、すべてのことを上から指示しようとする管理主義につながるリスクを負っています。しかし、学級という集団で学習するためには指導は不可欠で、その指導には管理を含むことが多いでしょう。

❀ 「チャイム席」「おしゃべりしない」の指導と管理

　チャイムが鳴ったら席に着く、話を聞くときにはおしゃべりをしないなどのルールを指導することは大切ですが、その指導は管理を含みます。
　「チャイムが鳴ったでしょ！　自分の席に着きなさい」
　「おしゃべりやめて！　これから説明するよ」
　そこには、納得してそうする子どもたちと、嫌々従う子どもたちがいるでしょう。だから、その指導には教師からの管理が含まれているということを忘れてはならないし、教師の権力性を自覚する必要があります。先にも述べたように、私は、次の二つのことを重視しています。一つめは、管理と指導をはっきりさせて、子どもたちが納得するような指導をすることです。
　有無を言わさず従わなければならない教師からの「管理」と、教師の言うことに納得して従う「指導」とを区別します。もちろんすべてのものを明確に分けられるわけではありません。例えば、チャイムが鳴ったら席に着くのは、着きたくない子どもにとっては、「教師から管理」さ

れている状態です。正確に言えば、管理を多く含む指導です。

　あいさつをさせることは「指導」です。正確に言えば、指導でなければなりません。納得できずにするあいさつは、あいさつ本来の意味が損なわれるし、それは表現の自由の問題にも関わってくるからです。

　「チャイムが鳴ったら席に着く」というルールがあります。この決まりを破ったら、罰則を与えたり、叱ったりして懲戒的に従わせる指導もあります。納得してこのルールを守る子どももいますが、嫌でも従っている子どもにとっては「管理」されている状態です。

　もう一つは、管理権を教師から子どもたちの話し合いに移行するシステムをつくることです。例えば、「チャイムが鳴ったら席に着かないと先生に叱られる」という教師からの罰則による管理ではなく、「チャイムが鳴ったら席に着くというきまりをつくり、みんなで守る」という自主的な管理に変えていくということです。

　話し合いの中で「チャイムが鳴ったら1分間で席に着かないと、日直さんに注意される」「チャイムが鳴ったら学習係がミニ授業を始める。学習係が席に着いたかをチェックする」という目標設定も生まれます。教師の威圧的な「力」が集団に働く状況から発展し、きまりを守れなかったわけを考えること、さらには管理設定そのものに問題はないのかを問うことが集団の「ちから」になり、自主的な管理ができるようになるのです。

❖「みんなで決めて、必ず守る」というキャッチフレーズ

　ミニチェック・自主管理から始めましょう。教師が、または子どもたちと教師がルールの案をつくります。原案です。「チャイムが鳴ったら1分間で席につこう」「『話します』と言ったらおしゃべりはやめて、30秒で集中しよう」など、できそうな目標から始めます。

　目標達成は、大切なことですが、ルールが破られるのは必然です。なぜなら、そうすることが本来的で、それを止めるためにきまりがつくら

れるからです。それを契機に、どうしてそうしてしまったのかを、みんなで考えて、どうすればよかったのかを総括します。ルールの改廃がルールづくりの本質です。その話し合いのちからでルールは再確認され、より強固になります。集団に新たな認識が獲得されます。

　「みんなで決めて、必ず守る」というキャッチフレーズは大切です。しかし、その本当のねらいは、「それはみんなで決める内容なのか」「みんなで充分に話し合って決めたのか」「守れなかったということはどこかに問題があるのではないか」「異議があり、修正、廃止すべきものなのではないのか」ということを明らかにすることです。

　自主管理を始めたら、やめることを考えなければそれは管理主義に陥ります。取り組みの期間は限定します。ルールが見えないルールとなり、ルールの顕在化を必要としなくなる学級に発展させるということです。

❀ 管理権を子どもに――朝運動で整列するには

　朝の職員集会が終わって、教室に向かう途中に同学年、20歳代の教師からこんな相談を受けました。

　「朝運動のときに、うちのクラス整列しないし、おしゃべりしてるし、うろうろするし、遅れてくる時もあるし、どうしたらいいですか？」

　「そういう時って、すぐに叱りたくなるでしょ、毅然とした態度で怒鳴っちゃうとか。でも叱っても怒鳴っても、ますます言うこと聞かなくなってくることがあるでしょ」

　「はい、今のうちのクラスがそれです」

　「だから、先生はできるだけ言わないんだよ。体育係でもいいし、学年委員でもいいし、班長でもいいから、『朝運動の時の様子どう？』って子どもに相談して、『並ぶのが遅いので早く並んでほしい』とか『おしゃべりしないで体操してください』なんて朝の会で、言うようにさせるの。先生は『そうだよね』って頷くんだよ。少しずつ、子どもたちが、子どもたちに語りかけていく、要求していくスタイルをつくって行くか

な、ぼくはね。話し合いが集団のちからになっていくんだよ」
　「子どもたちが、子どもたちに語りかけるんですね。やってみます」
　「言い訳したり、反論したり、要求したりと話し合いがルールを守るちからになるよ」
　「毅然とした態度」が問題ではなくて、教師のもつ指導権、管理権の支配的、独占的な使い方にこそ問題があるのではないかと思います。実は、集団づくりの中の指導権、管理権の移行の問題なのであり、管理主義と管理あるいは自主管理の読み違いの問題なのです。
　こんなとき、「朝運動で整列しない、おしゃべりしているなんて、どこのクラスでも同じような感じだし、放っておいてもいい」と言う教師もいます。しかし、困っている若い教師を前に、それは違うと思います。

❀ 子どもたちが子どもたちに働きかける

　「朝運動」そのものの価値論争は、高学年であれば、いずれ、どこかで討論会を組むことができます。ディベートにする方法も考えられます。
　学校の日常の中、風景の中に子どもたちと子どもたちを繋ぐ集団づくりの扉が少し開いています。子どもたちが子どもたちに働きかけるという視点をもてば、集団づくりの切り口が見えてきます。

point! 隠れたリーダーを表のステージに登場させよう

（3）班づくり
―― ユニット班と生活班と学習班の多層構造

❀ 班づくりの意味

なぜ班をつくるのでしょうか。私は、班を、何でも言い合い、支え合える居場所としての家族のような親密な集団、かつ、民主主義を学ぶための公的な集団にしようと考えます。

班は子どもたちを管理するための道具ではありません。教師の考えでそうじをきちんとさせたり、素早く整列させたりするために利用してはならないということです。

また、みんな仲良しという心情の世界に留まるのではなく、一人ひとりの違い、価値観の多様性を知り、その価値がぶつかり合い、それぞれを認めあえる班をつくろうと考えます。お互いの価値の合意をめざし、その過程で価値の多様性の確認をし、お互いの存在を大事にするための班です。したがって、みんな仲良しのまとまってしまう班を乗り越えて、さらに、まとまらない班、まとめようと奮闘する班をつくります。

また学年の後半では、班の人数を多くすることで、大きな集団のまとめづらさを学びます。班の人数が多ければ多いほど、多様な考えがあり、行動を一致させることが難しくなります。

集団づくりには目的が必要です。その目的に向かって話し合い、行動しますが、そこにはリードするリーダーが必要です。話し合いと行動は常に、統一されつつ分裂します。つまり、集団は矛盾を抱えているということです。

たとえば、「朝の会で今月の歌を元気に歌おう」という提起は、がんばろうとみんな賛成したものの、「声がでない」「この歌はいや」「去年

III　集団づくりの構想

と同じ今月の歌はいやだ」「小さい声じゃ何でだめなの」と反対の考えを既に含んでいます。「それでは、歌をみんなで歌うにはどうすればいいのか」子どもたちが考え始めます。

この集団のダイナミズムを体験しながら、子どもたちひとりひとりが民主的な人格を形成していくのです。

❀ リーダーとは

教師の言うことを聞くイエスマンの子どもがリーダーではなく、イエスマンの子を乗り越える子こそが真のリーダーです。私たちは、教師の指示に従い、それを忠実に実行する子をリーダーとして考え、その指導がすべてだと考えてしまします。しかし、集団が発展するためには、新たな要求を出してくる子、異議を唱える子をつくりださなければなりません。実は、集団は、現状を切りひらく新たな要求、異議をすでに内包しているのですが、それを阻止する機能が集団に働いているのです。つまり、逸脱行為、異議申し立てを排除しようとするのです。

学級の発展、前進のために、新たな要求を出してくる子、異議を唱える子をリーダーにしていきます。「それ、違うんじゃない」とか「またなんか言ってる面倒だなあ」という場面を大事にします。ブツブツ言う文句を公的な要求に出させて、それをリードする発言として評価します。自分で考えたことを集団に提起するちからがリーダーには必要です。また自分と違った考えから学び、自分の考えを発展させるちからが必要です。時には、「先生、それは違うと思います」と言えるリーダーをつくらなければなりません。

❀ リーダーの層を厚くすること

11月頃、前半の学級を支えてきたリーダーたちが班長会を卒業して、学年委員や実行委員、あるいは学級の常任議長やユニット長となり、班長会のメンバーが新しくなります。リーダーの層を厚くすることが、後

半の課題です。1学期からずっと様子を窺っていた隠れたリーダーたちが現れて、学級が飛躍的に前進します。それは隠れたリーダーを表のステージに登場させ、支えるリーダーが出現したということでもあります。

知的な批判力、別の考え方をもって立ち上がってくる彼らの出現が集団発展の指標の一つだと考えています。彼らの中には、前半の活動派リーダーたちの行動と教師の指導から活動の集団的意義を認識し、班長会への尊敬とそれへの批判を同時にもちながら登場する者もいます。

「私が、なぜ班長に立候補したかというと、2学期のサッカー大会の話し合いの時に、なつきさんや佐藤くんたち、班長会が言っていたことに、私は違うと思ったからです。たとえ、サッカーの試合中に、パスがまわって来なくても、ボールに一度もさわられなくても、勝てばいいんだと言っていたことに、違うと思ったからです。あの時も言ったけど、サッカーできる子だけやって、それで勝っても意味がないと思います。苦手な子は道具ではありません。私はみんなが楽しめる工夫が必ずあると思います。勝てればいいと言った人はみんな、自分からボールを取りに行けたり、パスがまわって来たりする人です。ボールにさわれなくても勝てばうれしい人もいるかもしれないけど、ボールにさわれず勝ってもうれしくない人はいます。でも、私はなつきさんのようにしっかりリードできる班長になりたいです。(晴菜・5年)」

❈ ユニット班を活用する
──「仲間とは何か」を問うための仲良し集団

後半になると「生活班」だけでなく、もう一つの班として「ユニット班」をつくるようにしています。

ユニット班は、「気の合う仲間」「仲良しグループ」に近いものです。女子だけ、男子だけのグループが多いです。3人以上ならユニットとして認めていて、人数も4〜8人程度と様々です。気の合う仲間のユニット班をたくさん活用します。ユニットの係、給食、修学旅行、体育の

チームなど積極的に取り入れます。

　席などは年間通して生活班にしています。生活班は、ちょっと硬い、班長が新しい班長を推薦する班長互選、または班長立候補でつくります。

　ユニット班は私的なグループではなく、係や給食など公的な班の役割も担うので指導の対象です。私的な仲良しグループに近いメンバーで構成されるユニットですが、「一見仲間に見えても、逆らえない関係」といった場合もあります。「仲間とは何かを問うための集団」と考えます。

❀ ３～５名の学習班をつくる

　学習時は、６～８人の生活班を二つに分けて学習班をつくります。生活班の中に３～４名の学習班Ａと学習班Ｂをつくって、教え合ったり、意見交換したりしやすくします。

　ユニット班と生活班と学習班の多層構造でそれぞれのグループの特徴を生かしながら、学年のまとめを進めます。一つに集中するのではない取り組み、すべて生活班の活動に一本化しないことも有効であり、その時々で、その学年に適した企画をします。

❀ 活動の経過に重点を置く──ユニット班でのダンス

　４年生の体育の授業でダンスに挑戦しました。同僚との最初の会話はこうでした。
私「ダンス単元どうしますか？」
　「創作できるのかな？」
　「花火とか台風、祭りなんてのは、つまんなそうだよね、子どもたちの実態に合わないかな」
私「曲を自由に選ばせて、好きな者同士のグループでユニットをつくって、創作させてみようか。男子は男子だけでもいいんじゃない」
　「男子はやるかな、やる気のないグループできないかな」
私「やってみてから考えよう」

　他のクラスはユニットという名称ではありませんでしたが、好きな者同士のチームをつくって、自主的な練習が始まりました。
　すると、なんと生き生きとダンスを練習することか、びっくりしました。休み時間になると、どのクラスも、ＣＤデッキを奪い合うようにして練習する姿が見られました。ＣＤデッキをたくさん用意し、ろうかに並べました。
　マット運動の側転やロンダートもとり入れて、嬉しそうでした。好きな者同士の方が自分の感情や表現を出しやすいのです。
　発表会は大成功でした。学年交流も実現しました。
　これを、学習発表として授業参観で見せよう、と亜希と夏樹の班長会に相談しました。
　「私たちもそれがいいって思ってました。それに男子のダンスもすごくいいよね」
　それは子どもたちの要求でもありました。
　こうした自由に選択して参加するグループ活動の目的は、通常、その活動の達成に置かれます。しかし、ユニット班と考えて指導対象にする

Ⅲ　集団づくりの構想

ということは、その活動の経過に目的の重点をおくということです。

　例えば、劇に取り組んだとします。素晴らしい劇に仕上がったということに視点が行くだけではなく、誰がシナリオを書いたのか、誰が役をいやがり、それをどう解決し、誰がどうリードしたのか、という経緯に重点を置くということです。そして、その経験が、次のユニット班の取り組みに生かされるということです。

　好きな者同士に近いユニット班は、子どもたちを生き生きとさせ、自分を自由に出せる場になります。自分たちの思いを楽しく表現できます。しかし、好きな者同士に近いために、なれ合いの仲間意識が強く、わがままや寄りかかりの関係が見えてきます。その中でトラブルも多く発生します。そこをどうユニットとして乗り越えていくかが本当の課題です。このトラブルを乗り越える課題について次の節で述べます。

❀ 生活班やユニット班のドタバタ創作劇

　学期のまとめの会には、必ず劇を入れます。それには、国語や社会の時間に劇に取り組み、劇を好きにさせなければなりません。

　教師も劇をしましょう。生徒指導の「今月の生活目標」を伝えるために校内の朝会があります。この朝会の担当を輪番で学年がやります。これは教師が劇を披露する絶好のチャンスです。

　どんな劇にしようかと学年の先生たちと相談をしながら、劇のシナリオを作ります。担任6名の役も書き込みました。時には、学年委員の子どもたちにも参加してもらいます。ウケねらいのドタバタ劇ですが、好評です。子どもたちは劇が好きになります。

　学級に劇を導入するためにはもう一つの秘訣があります。劇遊びをさせながら、シナリオを創作させることです。レベルが低いとか、幼稚という視点で見ないことが大切です。遊びから出発します。レベルはぐんぐんと高くなり、あっという間に教師の演技力を越えます。

❀ 劇はもめごとの宝庫──トラブルの中で価値観を変えよう

　生活班で劇に取り組んだときのことです。
　　夏樹「先生、男子が練習やってくれません」
と、訴えてきたのは、夏樹です。トラブルがなければ、指導ができません。劇はもめごといっぱい宝の山です。それぞれが持っている価値をゆさぶり、価値観を変えるチャンスです。
夏樹「男子は、まじめなだけの『不思議の国のアリス』いやだって。ギャグとか入れたいって、言うけど…」
私「夏樹さんの『アリス』のシナリオすごくいいと思うよ。斉藤くんたちのやりたいものも一緒に少し考えてみたらどうかな？」
夏樹「私、ギャグわからないです。入れたいけど、どう入れたらいいのかわからないんです」
私「男の子たちに、どんなギャグがあるの？　なにが入れられる？　って聞きながら一緒に考えればいいよ」
　私もその班の練習に入り、お笑いの話に盛り上がりながら「アリス」を崩して、創っていきました。

学習発表会の5班の劇『不思議の国のアリス』を悩みながら、みんなの考えを入れてアレンジしたのは、夏樹です。
お城の家来「最初に捕まりたいやつは誰だ!」
アリスの仲間「わたしが」「わたしが」「わたしが」
アリス「わたしが」
アリスの仲間「どうぞどうぞ」
　男の子たちのギャグを入れた、「アリス」に感動させられました。夏樹の魔女役が素敵でした。

❀ 学習係が授業のスタートをリードする

　生活班の人数が6人以上の場合には、一つの生活班をAとB二つに分けて学習班をつくります。6人班の場合は3人と3人に分けます。8人班の場合は4人と4人になります。

　生活班とは違って、学習班の話し合いでは、短い時間で結論を出させることが多くあります。限られた時間の中で、効率も考えての学習となります。したがって、素早く、全員の意見が出せて、話し合える少人数、3〜5名を学習班としています。

　生活班や学習班が各教科の学習係として授業をリードする提案をします。具体的には、授業時間の始まりから5分間を学習係の活動時間とします。基本的には、毎時間、担当します。

　前時の復習や今日の学習課題に関わったことをクイズ形式で出題します。あるいは、その時間に用意するものを予想し、または、教師から情報を得て、準備します。

　チャイムと同時に、学習係が復習の問題や課題を出すようになります。
　社会科係が黒板の前に出て、問題を書き始めます。これが授業始まりの合図です。チャイムが鳴ってから5分の約束なのに、教師が遅れたり、ついうっかり止めなければ、やりたがりやの子どもたちに独占されてしまいます。逆に、学習係が出てこなければ、私が授業を始めてしまいま

す。時間の奪い合いから、活動の権利を学びます。
「グラフを見てください。2014年穀物自給率の一番高い国はどこですか」
「3班のBどうぞ」
指名された3班のBの社会科学習班長が、班のメンバーを指名します。
国語係が「これから国語の学習を始めます」とあいさつをして、音読を始めます。終わると、黒板に漢字を①〜⑤として5つ書きました。
「①はなんという漢字ですか？」
家庭科係がチャイムと同時に、あいさつの後、感想を聞き始めます。
「先週のゆでたまごの調理実習の感想をお願いします」
やる内容は、前もって計画してもいいし、その場で考えてもよいことにしています。初めは、少しのプレッシャーですむように、気軽にできるようにします。まず、ミニの授業を楽しむところから始めます。

Ⅲ　集団づくりの構想

❀ やりたい人がやりたい活動をやる"係活動"

　係は班単位でやると考えていましたが、もっと柔軟に考えてもいいように思います。ほとんどのクラスでは必要な係をあげて、それに人数を割り振るというやり方で係を決めています。このやり方の利点は、やりたい活動をやりたい人がやれる可能性があるということです。子どもたちの希望を中心に活動が展開されます。この方式が子どもたちに支持されているならば、ここから始めましょう。あえて、係は班でなくてはだめだとするならば、それこそ、教師の価値観の押しつけになります。

❀ やりたい係

　やりたい係を出し合います。クラスみんなのためになる活動を係とします。例えば、黒板係、生き物係、時間割係、掲示係、体育係、ポスター係、お誕生日係、音楽係、レク係などが出ます。ちょっと異色なのが、マンガ係、並ばせ係、ごみ係、コント係、お笑い係などです。もちろん、やりたい係を出したからには、その係になれます。
　出そろったところで、入りたい係に名前を連ねます。二人でも係を認

めます。3人以上が集団だという考えもあります。しかし、やりたい係ということであれば、一人でも成立するはずです。一人になった場合は、私「みんなに、入ってほしいと呼びかけてみようね」

「聞いてください。音楽係が一人しかいないのですが、どうしてもやりたいので係の2つ目掛け持ちで、入ってくれる人いませんか？ 給食の時、CDかけたいよ」

音楽係はやる気と時間が確保できるならば、複数入ることを認めます。係のメンバー、リーダーや活動内容をポスターに書き込んで終了です。

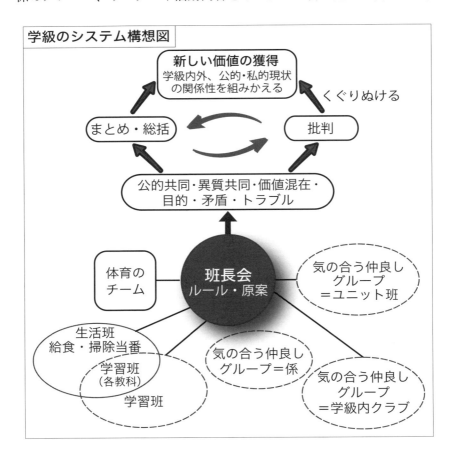

point! 高学年の集団を組みかえる

（4）高学年リーダーの指導
―― ユニットというダブルの班構想

❀ ゆれる好きな者同士

 11月のある日、休み時間に教室でおしゃべりをしていました。
「好きな者同士って余る」
「嫌いな人をつくってしまう。固まる」
「悪口言ってないのに言ってる感じがする」
「仲良しなクラスにしたい」
 このままでいいのかと感じ始めたリーダーたちの動きがありました。しかし、仲良しごっこは心地がいいのです。トラブルらしいトラブルはありません。ゆさぶってもいいほど好きな者同士が浸透していました。
 ゆっくりと山から紅葉が降りてきました。校庭の木々が色づいて秋の風は冷たくなっていました。いつものように、声を掛け合って校庭に飛び出していくサッカー部の子どもたちを見送りました。教室にUNO部とトランプサークルが集まって、ワイワイおしゃべりしながら遊び始めました。私は居眠りしそうな頭で、もう充分なくらい好きな者同士をやってきたかなと考えました。
 児童会の前期代表委員（児童会委員）のひかりは、
「好きな者同士がいい。ずっと5年が終わるまで」
と真剣に私に訴えました。やっと本当の仲間を見つけたんだ、と笑いながら話していました。嬉しそうに彩も頷いていました。まるで恋人同士のように見えました。
 学級委員の千夏と後期代表委員の有紀はひかりたちと同じように仲良しで、いつもいっしょでした。千夏と有紀は、今度の「班がえ」では班長を選んで、班長が班員を決める方法にしたいと主張しました。その班

長立候補制に二人は立候補すると言いました。
「おれも班長やる」とカズが流れに乗ってきました。
「みんなの本音も聞きたいし、まず、先生が提案つくるよ。『チームのように（班長立候補）』っていうのでいいかな？」
班長会にＯＫをもらって、そうじの時間に私が提案の下書きを書いていると、いつものように周りに集まり、覗き込んできました。
「好きな者同士じゃないの？」
「『チームのように』って班長立候補ってことですか」
「自然の教室も好きな者同士じゃないの？　え！」
「先生、今度の自然の教室もその班なんですか」
と有紀が明るく聞いてきました。
「そう思ったんだけど、提案だからみんなで話し合おう」
と軽く答えました。
　学級会に提案しましたが、教師提案には賛成意見はなく、反対ばかりで採決にもならず、班長会に差し戻しとなりました。
　11月も好きな者同士がいい、班は『チームのように』決めるのはいいけれど、自然の教室は好きな者同士でいきたい、そういう意見で盛り上がりました。やっと仲良くなった仲間で楽しくという思いと、仲良しなクラスにしたいという思いが絡み合って、それぞれの考えが見えてきました。
　仲良くなった仲間同士だけの仲良しで、グループを越えた広がりのない、このままの状態でいいのかと感じ始めた班長を中心としたリーダーたちの思いが、クラスの中に広がりました。けれども、クラスの多くは、5年最大の行事、3学期に行われる赤城山の宿泊施設に2泊する「自然の教室」は、好きな者同士でいきたいということが確かめられた学級会でした。

Ⅲ　集団づくりの構想

❀ 班はチームのように
　　──班とユニットの両輪で私的・公的のグループを保障

　班長会の中で再提案の「班がえ案」をめぐって、班長たちの意見が対立しました。ひかりは、しっかり反対しました。
　「好きな者同士がいい、ずっと５年の終わりまで。やっと仲良くなれたんだよう」
　有紀は、自然の教室にこだわりました。
　「スキーを体験する自然の教室は、好きな者同士がいい。でも生活班は、チームのように決めていろんな人と一緒になりたい。まだ同じ班になってない人がいるし」
　「好きな者同士のグループも残して、ダブルの班はどう？　好きな者同士の班と普段使う生活班の２種類の班を並行してやるのはどうかな？」と有紀がつぶやきました。
　自然の教室は、好きな者同士の公的な班「ユニット」で、行くことになりました。私は好きな者同士の関係を早く越えさせて、誰とでもグループが組める学級集団を目指していたのです。しかし、子どもたちは、生活班を、好きな者同士の関係を「越えるもの」とは認識していませんでした。好きな者同士の関係にこだわりつつも、班長立候補での班編制を容易に受け入れました。前期に根づいた学級内クラブは、彼らに私的なグループ活動を保障し、彼らのグループに対する意識を変えたのです。グループはどんな形でもでき、それは楽しい仲間づくりになるということです。

❀ ユニットをつくろう

　班長会は、班がえの再提案を学級会に出しました。
　「班がえ」は班長立候補制としました。班づくりは班長だけでなく、参加者を募集して、プロジェクトチーム（実行委員会）にしました。

> ## 班がえとユニットをつくろう案
>
> 提案者　班長会
>
> 1　提案理由
> 　11月の班がえは、今までのような好きな者同士ではなく、班長を選んでから「チームのように」バランスのいい班をつくろう。まだ、同じ班になっていない人と友だちになろう。
> 2　やり方
> 　班長を立候補で選ぶ。班長とプロジェクトチーム（実行委員会）で班員を選んで、提案をつくる。質問や意見ＯＫ。
> 3　ユニットをつくる
> 　（ユニットとは好きな者同士でつくるもう一つの班）
> ・「ユニット給食」につかう。自然の教室につかう。図工や家庭科、レクなどにもつかうこともある。
> ・メンバーは３人以上にする。
> ・ユニット名とリーダーを決める。

　また、「ユニットをつくろう」という提案もしました。ユニットを何につかうかは意見を出し合うことにし、当面、「ユニット給食」を行い、自然の教室もできればユニットで行きたい、と書き入れました。

　全員一致で11月の班がえ案が成立しました。未知の領域のユニットは大きな可能性を秘めて、私たちの前にありました。

　「ユニットをつくろう」と企画委員たちが呼びかけると、ユニットはあっという間にできました。

　フォー４スターズ（ひかりと彩女子４）
　メゾブルクロスデイジーポンポ（有紀と千夏女子５）
　しち７ならべ（美加と理恵女子７）
　ユニットノア（カズとトシ、モリとトク男子６）
　エイト８ボーイズ（サワとヤマ男子８）
　キッズフォー４（ムラ男子４）

笑顔一杯のユニット席は、驚きの教室風景でした。並びも自由でばらばらで教室のスペースは異空間のようになりました。しかし、その雰囲気は、5月の好きな者同士の班や自由席給食とは違って見えました。生活班と同様に、穏やかさと機敏さが感じられました。

給食当番は人数が揃った方がいいので生活班で、そうじ当番をユニットでやろうと決まりました。週1回のユニット席給食とそうじ当番、家庭科の「ナップサックづくり」がユニットの活動場所になりました。

❀ スポーツ大会は力の差のないチーム制
──場面に応じたグループづくり

第6回学年集会は、サッカー大会「フジミカップ」に決まりました。ユニットで参加しようかというおしゃべりもしましたが、ユニットでは勝てない、平等なチームをつくりたい、というのが一致した考えでした。4月から何度か昼休みに試合をやっていましたが、他のクラスに勝ったことがありませんでした。勝てない1組の大会への思いは強いものがありました。

サッカー実行委員4人とキャプテン4人（男子Aチーム試合の前半出場、男子Bチーム試合の後半出場、女子Cチーム試合の前半出場、女子Dチーム試合の後半出場）は、教室のパソコンで練習計画をつくり、昼休みと放課後の自主練習が始まりました。クラブも部もストップし、昼休みと放課後の教室には誰もいなくなりました。夕暮れの校庭にいくつもの影が残っていました。

男子は準優勝し、女子は優勝しました。多様なグループをつくり、目的に応じて活用することができるようになっていました。もちろん、ユニットも変化します。朝の会でユニットを移ることを報告し、自由に動けるようになっていました。

❀ ビックリツアーのプロジェクトX
──楽しい活動をユニットで企画・実行

　２学期の児童集会は子ども祭りの「キッズランド」が企画されました。それを受けて、クラスの班長会は、「ビックリツアー」を提案しました。仕掛け人は千夏と有紀とひかりです。

　「ビックリツアー」とは、跳び箱を運ぶ台車に、お客さんを乗せ、トンネルを潜り、謎の壁を抜け、坂を登り、風船の海を渡ってゴールするという企画でした。

　仕事をユニットで分担しました。休み時間も、全員教室に残り準備をしました。ユニット同士の協力もできました。

　ユニットリーダーが集まり、実行委員と班長会が連携し、企画し、実行し、まとめ、さらに先に進めました。

　まとめの学級会はユニットごとのまとめを黒板に貼りだし、プリントにまとめ、総括していました。480枚のチケットは、その人数をツアーに乗せたことを意味しています。大成功でした。ユニットを拠点にして子どもたちはよく動き、生き生きと嬉しそうでした。

　大活躍のユニットと平行して、班も華やかに社会科の単元に沿って『テレビのニュース番組づくり』に取り組んでいました。校内放送のスタジオを借りて、生放送番組を想定して、ビデオ収録をしました。

　好きな者同士の「ユニット」も、男女混じり合った定数７〜８人の

「生活班」も、子どもたちの様子に大きな違いはありませんでした。嬉しそうに、楽しそうにじゃれ合う彼らが羨ましくなりました。

11月、班のまとめで、ユニットと生活班が共に影響を与え合っていることをトシと千夏とひかりがこう指摘しました。

トシ「完全に平等平均的にして、好きな者同士をやめたこの生活班で、サワとシマと友だちになれた。帰ってからも遊べた」

千夏「ふだんはあまり話さなかった理恵と彩と、生活班で一緒になったのを機会に仲良くなって、ユニットの自由席給食でも一緒に食べた。次の班でも、まだ一緒になったことのない沙矢となりたい」

班長立候補に反対したひかりの感想も変化していました。

ひかり「ユニットが違う人と生活班を組みたい。初めは話が合わないけど、知りたいことがある。今度は有紀と同じ班になってみたい」

私的な世界と公的な世界が絡み合って、新たな関係が広がっていきました。

> point! チーム作りの民主的な方法を考えよう

(5) リーダー指導
——チームリーダーから班長立候補へ

❀「メンバー取り」の民主性、合理性、差別性

　体育はボール運動が多く、その都度チームをつくります。これは班づくりのチャンスです。班とは呼ばず、チームと呼びますが、班としての指導が可能です。さらにリーダー指導ができるし、班長立候補制につながります。

　ポートボールのチームづくりを始めます。子どもたちはチームづくりを「(メンバー)取り」と呼びます。ジャンケンをして、勝った者からメンバーを選んでいくという古くからある方法です。

　「取り」の方法は、民主的、合理的な考えを土台にしながらも、差別的になる可能性が含まれています。

　実際の場面で、「取り」のリーダーは、その種目の得意な子やボス的な"力の強い子"がなるのが普通です。いつも、「取り」をする子、選ぶ側が同じで、固定しているのです。また、選びながらその最後に残される者への配慮はありません。上手でない者はメンバーを選ぶ側になれず、選ばれるのも最後でいいということでしょうか。「取り」で取られる側は、まるで物のように扱われるのです。残ってしまった時には、そのスポーツが不得意なことや仲間はずれの状態になっていることが明らかにされてしまいます。

❀ チームづくりの民主化

　こうした考えは、いつの時代も、子どもの世界のできごと、些細な遊びの約束ごとと見過ごしてきたように思います。子ども時代にくぐり抜ける通過点、遊びの要素であることは認めます。しかし、これは大人社

会、現在の社会を構成している思想であり、実は、大人社会の反映です。子どもたちとチームづくりのよりよい方法を探します。

1　選ぶ者を選ぶ権利
2　チームリーダー（班長）のチーム編成権
3　編成の民主性・平等性に対するリーダーの責任
4　選ばれる者の修正権、拒否権

　このような事柄を一つひとつ、行為や行動を通して教えていきます。
　例えば、ハンドボール大会のために、よく動ける8名のチームリーダーが選ばれます。彼らはチーム編成権をもっていますが、それは彼らを選んだ学級の子どもたちから与えられたものです。だから、編成の民主性・平等性に対してリーダーたちには責任があるのです。どのチームもがんばれるチームに編成しなければならないということです。
　チームづくりは公開ではしません。チームリーダーが休み時間に集まってチームづくりをします。まず、サブリーダーになってくれそうな人、あるいは、声をかけあえる人など、そのリーダーの構想をもって選びます。5名のチームの場合ならば、2人を選び自分を含めて3名になったところで、後の2名は、ペアをつくります。8つのペアをリーダーが組み合わせます。その8つのペアをどのチームに入れたら均等なチームになるかを話し合います。
　話し合った結果できあがった8つのチームを発表するのです。しかし、それは、提案です。質問を受け、必要な場合にはチームリーダーたちがもう一度検討し、修正することもあります。
　こうしたチームづくりの方法を班長立候補と班づくりにつなげていきます。

> point! クラスの課題を子どもから出させよう

（6）朝の会や帰りの会を学級全体の討論・討議の場へ

❀ 子どもたちの「困ったこと」を討議の場に

　対立と批判はふつうに存在するということが理解できれば、合意や決定の重要性を教えることができます。同時に対立と批判を尊重することを教えることができます。朝の会や帰りの会を学級全体の討論・討議の場にします。常に対立と批判を出し合い、解決できる場にします。たとえば、こんな問題が出されます。
　「うちの班は、何度も何度も言わないと、給食の準備をしてくれません。どうしたらいいですか。アドバイスをください」
　「組体操のとき、わたしたちはずっと5人組のところを4人組なので『星』の組体操だけでいいので、一人私たちのチームに入れてください」
　「選手リレー練習はやってないように見えるのですが、やらないのならリーダーを決め直して、選手も決め直す方がいいのではないですか」
　班、グループの問題でもあり、学級の問題でもあります。問題を探して、あえて学級全体の討論・討議の場に出させる道をつくります。

❀ 毎時間、学習班の討論の場面

　カリキュラムに設定された週1回の学級活動だけでは、討議の場が不足です。朝の会や帰りの会の時間でも足りません。常に、生活の中での気づきやよかったこと、困ったことなど言うべきことがあり、それを言える状況があり、さらに視点の違う角度からの別の意見が出せる場を準備しなければなりません。
　班や学級全体の討論・討議の場を教科学習の中に位置づけます。教科指導と教科外指導を明確にしながら、それを踏まえて、あえて教科の中

に、討論・討議の指導を組み込む必要があります。

❀ 授業の中で討論する

　各教科の学習の中で、討論の柱を立てて討論をする場面を意図的に設定します。全教科、毎時間、学習班の討論の場面があるように授業の中に組み入れます。

　討論になるということは、複数の考えが出るところを見つけて、それを柱にするということです。どの教科でも、どの単元でもそうした学習の課題が必ずあります。それを見つけだして、学習班の討論にします。学習班の討論の指導が、生活班の討議の指導に間接的に活きてきます。

　国語では、柱と討論のある授業をつくります。教師が討論の柱を設定、または、子どもたちと学習課題を設定します。

　社会科では、学習班での調べ学習を中心とした柱と討論のある授業をつくります。社会科の学習グループが課題を設定し、課題について意見を提起し討論します。

　算数や理科では、学習班での教え合いを中心に、柱と討論のある授業をします。

　体育では、初めにチームで目標設定をし、その日の活動の最後に必ずチームのまとめをする授業です。

　また、学習班が授業の始まり5分間に復習問題を出題し、授業形式で学習班にリードさせることも高学年では可能です。さらに、単元のまとめでは、パネルディスカッション、ディベートなどの形式で討論会を組むこともできます。学習班をどう位置づけるか、生活指導における子どもたちの学習権の問題としてどう考えるか、生活班で行うそうじ、給食当番、係活動などに加えて、再検討しなければならないと考えます。

理科の討論会をしよう（3年生）

「こん虫のからだのつくり」が終わりました。まとめ・発展学習として討論会を計画しましょう。
①みんなでテーマを決める。
②テーマ別のグループで話し合う。
③図書室で「こん虫」について調べる。
④テーマ別のグループで作戦会議をする。
⑤３つのテーマで討論会（ディベート）をする。
テーマ『「ハエ」ＶＳ「ゴキブリ」どっちが速いか』
　　　『「トンボ」ＶＳ「チョウ」どっちが飛行距離が長いか』
　　　『「ハチ」ＶＳ「アリ」どっちがたくさん働くか』

社会科まとめの討論会をしよう（5年生）

テーマ
①農業と漁業　日本の未来に大切なのはどちらか
②養しょくと沖合・遠洋　働くとしたらどちらか
③大きな船（社員・60人乗り・給料少し高い）と
　小さな船（船長・6人乗り・給料少し安い）
　どちらの会社で仕事をしたいか

流れ
1　お互いの意見（立論）　2　作戦タイム①
3　ＶＳ（討論）　4　作戦タイム②
5　最後に一言（最終弁論）

| point! | 必ず合意に至るわけではないことを理解する |

（7）討議づくり

❀ 和解できない対立と決定

　学校では、発表会やスポーツ大会など、みんなで決めてやっていくことがたくさんあります。

　けれども、すべてのことが対立なく、合意しながら、和解し進んでいくものなのでしょうか。民主主義社会は和解、合意できる世界を前提にしていません。それは、和解できないことがら、矛盾、対立する出来事があるという前提でつくられた制度です。もちろん、合意できることもたくさん存在します。しかし、考えの違うたくさんの人が社会の構成員であるため、合意できないことがらも、身の回りにたくさん存在するのです。

　私たちは穏やかさを求めます。平穏な、楽しい世界を求めるあまりに、事なかれ主義に陥り、ぶつからないように、対立を恐れて言いたいこと

があるのに言わないようにしている部分があります。それは、同調して一見調和的に見える世界です。そうやって教育されてきました。

　結果的にそれは争いの少ない、一見、平和な場所になりました。けれども、根本的にはものが言えない社会を生み出してしまいました。空気を読み合う関係をつくりだしてきたのです。空気を読み合う関係は、空気を読める者には過ごしやすくても、空気を読めない者や読みたくない者にとっては、息苦しい、生きづらい世界なのです。

　言い合いながら成長するべき子どもたちの教育現場にもそれは押し寄せ、本音が言えない息苦しい、生きづらい世界をつくりあげています。言いたいことを言い、ぶつかり合い、失敗して、その中から、生きる知恵を生み出す体験が教育ではないでしょうか。失敗させてそこから教えるということは、失敗しなければ学べないとも言えるのです。失敗を繰り返し、失敗の中から、真実をつかむことこそ本来の教育の目的だったのです。

　集団の合意は大切です。しかし、時間をかければ合意できるものもありますが、時間をかけても合意できないものもあるのです。集団が合意できないものの中に、その矛盾の中に、もっと大切なものが隠されているのです。合意できないものをどう決定していくのか、それが討議づくりです。

　自分の意に反して決めなければならないだけに、苦痛を伴うものであることを体験します。同時に、意に反して決定されたものへの、その後も批判し続けられること、実行後再び、決定をし直すチャンスもあるということを学びます。一度決めたことでも、総括しながら決め直せるのです。

　討議づくりは、合意することをめざしながら、対立し、和解し得ないこと、その事実こそ大切で、だからそこにルールが決定されることを重視するのです。

IV
集団づくりがめざす自治の世界
〈実践編〉

〈実践1〉「暴力教室」(5年)

❀ わかっていても手が出てしまう

　黒岩くんは、4年生のときに毎日のようにトラブルを起こし、よく担任に叱られ、廊下そうじの罰や怒鳴られるような状況も多く見られました。

　私が受け持った5年生の4月、黒岩くんの暴言と暴力が続き、学級の子どもたちはおびえ、不満を訴えました。朝の会や帰りの会ではトラブルが次々に報告され、その度に話し合い、改善を約束しましたが、変化はほとんど見られませんでした。

　家庭との連絡、相談、班長会での話し合い、学級での話し合い、そして、彼との関係づくりも進めていました。家庭訪問で、彼の生育歴を話してもらいました。

　「長男は叱られるとしゅんとするが、次男の彼はしゅんとするどころか、激しく反抗し手に負えない」とお母さんが話してくれました。彼のお父さんは運送会社の社長です。気が強く、暴力もふるいます。

　「今は父親の言うことも聞かなくなりました」と、切実な思いを語ってくれました。

　「くそおやじ。ふざけんじゃねえ」といいながら、トイレに逃げ込み、ドアを閉め、食事をとらないこともあるということでした。

　「会社の後継ぎとしての子育てを、祖父母から期待されていました。厳しい躾の中で、知らず知らずに私も厳しいことを子どもに強いていました。優しくしたことがありません。いつも叱っていた気がします」

　「先生のことを気に入っているようです。よろしくお願いします」と、悩みを語ってくれました。

朝、黒岩くんはランドセルを教室に放り投げ、遊びに出てきました。チャイムで教室に入って来ると、自分より弱い子や女子をポンポンと挨拶代わりに叩きました。

　「やめてよ」という言葉は、彼にとっては「もっとやって」という意味のようでした。攻撃の相手を見つけたように、向かっていきました。

　教室での彼は、じっとしていられず、常に動き、時には立ち歩き、注意すると戻りました。授業の真っ直中に、植木鉢に水やりに出て行くこともありました。

　実践の中では、トラブルが起きたら、トラブルを解決しながら当事者たちがルールを提案し、リーダーとなり、学級内のクラブづくりを進める、という指導が多くあります。そうすると、少しずつ彼も集団も変化していきます。共存する空間がつくられて行きます。

　「ドッジボールクラブのルールつくったらどうかな」と私から提案し、ドッジボールクラブもできて、黒岩くんがルールを守る場面も出てくるようになってきました。しかし、遊びでの暴言はおさまらず、むしろ、彼の支配の輪は、広がっているようにも感じられました。彼にいやいや従う者が増えているようにみえました。彼の暴言と暴力を黙認しようと

する従う関係が、空気のように漂い始めていました。

　4月のアンケートには、女の子たちから「傷つく教室」と書き込まれ、黒岩くんから、暴言や暴力をされていることが明らかになりました。もちろん、それは学級につながりができ始めたことの裏返しでもありましたが、学級は困惑していました。班長たちと相談し、話し合いで自分勝手を諭されると、謝罪をし、その後はルールを守ることもありました。がんばる気持ちは伝わるけれど、学級が平和になることはありませんでした。

　「手を出すのはダメってわかってるけど、気がつくとやってる」という彼のいつもの言葉は、彼の悩みの深さでした。しかし、日常的に暴力を振るわれる子どもたちの悩みはもっともっと深いものでした。学級に諦めと、恐れが渦巻いていました。

❀「平和ルール」に参加するという宣言

　5月のある日の昼休み、ドッジボールをやっていた班長も含まれる4人の子どもたちが、途中で戻ってきました。

　「先生、もうやってられないよ」
　「ふざけんなよ。やってられねえよ！　黒岩ルールだよ」
　「何度ルールつくっても、話し合っても変わんねえよ」
　「むかつく。何言っても変わんねえし、もう遊びたくない」
　「クラブやめて、もう一つ、ドッジのクラブつくればいいんじゃない」
　「無理だよ。何度ルールつくっても、破られる」
　「みんなで今のドッジのクラブ抜けて、平和クラブつくろう」
　「先生、クラブの参加自由だから抜けてもいいんだよね」
　「イエローカードつくるよ。出場停止も入れよう」
　「レッドカードもつくろう」
　「どうせ、また、黒岩くん入ってくるよ」
　「そしたら、また別のつくろう」

Ⅳ　集団づくりが目指す自治の世界

平和クラブ　平和のルール

①平和でやる。
②悪口、ぼう力、言葉づかいが悪ければ、一回ぬける。
③仲間はずれをしない。ひどければ１週間ぬける。

作った理由

言葉づかいなど悪いから、みんなと仲よく平和で遊びたいから。
○ 出場ていしなのにまちがってやってしまったら１週間ぬける。
○ 出場ていしは朝の会でほうこくする。黒板にかく。日にちも。
○ 出場ＯＫも朝の会でほうこくする。
○ 当たったら内野にいないですぐ外野に行く。
○ ルールをやぶったら遊びはできなくなる。

いっているわるぐち

ムカツク（２日）死ね（３日）

何度も何度も話し合って、和解を重ねてきた仲間に突きつける原案です。学級内のドッジボールクラブから全員抜け、ひとりぼっちにするという事実と、彼の怒りを覚悟しながら、「平和クラブ」の原案を突きつけます。彼がクラブに入ってくることも予想していました。だから、ムカツク（２日）死ね（３日）という彼しか使わない暴言を提案に書き込んだのです。

４人がドッジボールクラブを抜けると、黒岩くんの暴言と暴力はエスカレートし、仲間が次々にクラブを離れていきました。そして、ついに全員がポスターから名前を消しました。

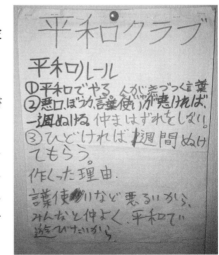

　黒岩くんが大声で叫びながら、教室に飛び込んできました。
「なんでだれもこねえんだよ、はあ」
　黒板にある、全員の名前が消され、彼の名前だけが残ったクラブのポスターをはがして、
「こんなもんいらねえよ、ふざけんなー」とビリビリに引き裂きました。そして、壁に投げつけました。
私「どうしたの」
「だって、だれもいねえじゃん、こんなんいらねえし」
私「黒岩くんがいつも突然、怒鳴り散らして、暴力ふるうって。いやだって」
「やめられねえし」
　しばらく、そんな話をしていました。
「ここにいる４人と、先生も入って、こんな提案つくってたんだよ」
「平和クラブって、暴力とかやめるルールだよ」
「平和クラブがダメだったら、また、他のクラブつくるから」
「サッカーみたいにイエローカードがあって」

「レッドカードで出場停止もあるよ」
　この要求に応えるように、黒岩くんは原案をじっと見つめていました。
「おれも入る」と彼は言いました。それは予想できた言葉でした。
　しかし、さらに、彼は、私たちが予想もしなかった言葉を付け加え、考えもしなかった行動をとったのです。
「まだある」
　そう言いながら、彼は、ペンを持って、原案に書き込み始めました。
『バカ・うざい・ノーコン・ボールで遊ぶな・アホ・きえろ・まぬけ・どけ・ひっこんでろ・じゃま・うせろ・ちび・デブ・くそじじい・くそがき・ふざけんな・ざこ・ざこボール・くそメガネ・メガネ・ブタ…』
　彼が毎日使い続けている言葉、彼しか使わないたくさんの言葉を書き込み始めたのです。彼しか使わない言葉を書き出すということは、いったい、どういうことなのでしょうか。それが、この言葉を使わないという彼の宣言だったことに、後で気がつきました。
　暴力の支配で生きてきた黒岩くん、縦の関係の経験しかない黒岩くん、自分で自分をコントロールできずに戸惑っている黒岩くんが、自ら討議の世界に参加した瞬間だったのです。自分の要求を見つけ、仲間の要求と重ねて、決定した瞬間だったのです。
　彼のものとなったルールを彼は見事に遵守します。彼はこれらの言葉を放棄し、平和を獲得したのです。学級の平和と共に、彼の平和も実現します。ここから、ルールと集団の話し合いによる自治の世界が拓かれました。
　黒岩くんはやがて班長、チームリーダー、実行委員となり、批判を受けながら成長していきました。
　暴力のない話し合いで解決する対等な関係に「平和クラブのルール」という合意と決定で組み替えたこの出来事は、討議づくりこそ、自治の世界に不可欠であり、討議づくりには集団の意思とちからが必要であることを証明しているように思います。

〈実践2〉「裸足で過ごす」案（6年）

❀ 男の世界になりたい──決まりを変える提案は日常から

　6年生の4月、新学期早々、給食の準備中でした。
「先生、男子だけ固まって離れちゃっていいんですか」と、しっかり者、学級委員の里美とお笑いムードメーカーの詩織が私のところにやって来ました。
私「え？　ダメなの？」
里美「え？　いいんですか？」
私「え？　いいの？」
詩織「ダメでしょう」
私「ダメかな、どうしよう」と遊んでから、私は、離れて悪いことをしているような様子の涼太と陽平と光一のところへ行きました。
私「どうした？　何かいやなことでもあったの？」
涼太「そうじゃないけど、たまには男の世界になりたいんですよ」
私「そりゃそうだよな、わかるな、男の世界いいよなー」
　そういうと、三人の困った表情が消えて、笑顔に戻りました。
私「男の子だけで食べるのって悪くないよ」
「そうですよね」と、にやにやしながら涼太が言うと、
「え！　いいんですか？　え？　いいの？　ホントに？」
陽平は真剣に聞き返してきました。
「やった！　今日いいの」光一が念を押しました。
「え？　ホントにいいんですか。やった」と里美が大声をあげました。
「先生、女子もいいんでしょ」詩織は早速、席を移動させていました。
　クラスの決まりを守るだけではなく、決まりを変える柔軟さを教える

ことも大切です。

❀ ナッシーあんなんでいいの

　６月のある暑い日に、班長の涼太が私のところへやってきました。真夏が間違えて降りてきたような、教室がサウナのような日でした。

　「先生、ナッシーあんなんでいいの？」
私「なにが？」
涼太「ろうかに寝っころがったり、裸足で飛び回っていたりさ」
私「ダメなの？」
涼太「え？　いいんですか？」
私「え？　いいの？」
涼太「先生ーどっち？」
私「どうしたの。何かも困ることでもあるの」
涼太「違う。おれもやりたいの」
私「えー、やればいいじゃん」
涼太「いいの。ダメでしょ」

❀ 有志で提案つくろう

　「班長会で提案つくろうか」と、私が誘いました。

「おれもやりたいの」という涼太の本音が気に入りました。なかなか言えない気持ちです。嬉しそうに、仲間の中に飛び込んでいきました。けれども、班長会で話しても、提案はつくられませんでした。里美と詩織の反論を突破できなかったのです。

里美「ダメだよ。せっかく5年生までちゃんとしなさいと教えてもらって来たんでしょ」

詩織「上履きのかかと踏んだり、靴下はかなかったりダメでしょ」

　まもなく、涼太が私に泣きついてきました。

涼太「先生、無理だった。女子がダメだって。なんで男の気持ちがわかんないのかな。どうしたらいいかな」

私「先生も提案入るよ」

涼太「やった」

　私が、提案者に名前を連ねると、男子が次々に名前を書き、12名の提案者となりました。もちろん、ナッシーの名前もありました。有志で提案をつくりました。

6・7・8・9月まで教室ではだしですごす案

　　　　　　　提案者　涼太　陽平　関口先生＋9名（ナッシーも）

1　わけ　暑いから

2　場所　教室

3　やる人　やりたい人

4　ルール

　○あぶない物をかたづける。

　○はだしの人の足をふまない。

　○足をせいけつにする。

　学級会でも反対がたくさんありました。どれも、きちんと上履きを履くことが大事だ、という思いが語られました。すごく立派な意見で、成

長した、おとなのような6年生の考えに感心しました。

❀ 仲間と見る子どもたちの見方

しかし、もう一つの価値観に私は驚きました。

「じゃあ、ナッシーは特別で、ぼくたちとは関係ないとこに生きてるってことですか」

「それって、ナッシーをバカにしてるように聞こえるけど」

「おれは、ナッシーは自由で、自由にしていられていいなあって思ってるけど、床に転がりたいとか、暑いから上履き脱ぎたいとかそういったことは、何が誰に迷惑なんですか」

「ナッシーはおれたちに迷惑かけてないし、それに少しの迷惑ってかけてもいいんじゃないの」

ナッシーを行動は違っても、仲間と見る子どもたちの見方に心が揺れました。そして、この裸足で過ごす案は可決成立したのです。

❁ 裸足の夏はとても快適

　裸足の夏は本当に快適でした。たまに、
「先生のクラス、裸足なんですね」と、他のクラスの先生に話しかけられることはありましたが、批判されることはありませんでした。
　不思議なことに、反対していた女子は、いつの間にか全員、裸足になっていました。実は、本当に喜んだのは、女の子たちでした。女の子たちもみんな裸足になって、ぺたぺたと教室を歩き回りました。
「先生も、裸足なの」
「なんか、いいね」
　ただ、裸足になることがいいのではなくて、なんだか、同じもの、同じ空間を共有しているという気がして、それがいいと感じました。
　驚いたのは、10月1日でした。
　職員室に、女の子たちが飛び込んできました。
「先生、大変、大変」
「ナッシーが、ナッシーが、靴下と上履きはいてる」
　教室に行ってみると、ナッシーは普通の顔をして、何事もなかったように子どもたちとおしゃべりをしていました。足下を見ると、上履きも、そして靴下も履いていました。その後、彼は卒業まで上履きを履いて過ごしました。

〈実践3〉子どもの現実に付き合う（6年）

❀ なんか投げていい？

　やわらかに、たおやかに、しなやかに気配り上手、心配り、「サービス第一、モットーはいらっしゃいませ」の気持ちで、6年生の学級開きから2週間がんばりました。評価は上々、「この店、けっこうイケてるじゃん」「おやじもがんばってるー」というところです。

　6時間目が終わり、ほとんどの子どもたちが帰り、そろそろ「店」の片付けでもしようと思っていた時、コギャルタイプのおませな美香が、
「先生、なんか投げていい」と近寄ってきました。突然の挑戦的な迫り方でしたが、戸惑いはなく、声をかけられるのは嬉しかったので、
「先生に？」と冗談で返しました。
「うん！　なんて、ちがうよ、違います。上履きとか、後ろの方に」
「いいよ」と気軽に応じました。とてもいい考えだと思ったからです。
「え？　いいの？」と美香が嬉しそうに、上履きを手に持つと、そばで私たちの会話を聞いていた「オレ」を自称する男の子のような真希もとんできました。
「え？　マジでいいの？」
　二人は、いろいろな物を投げました。
「これいい？」と聞きながら。適当に、思い切ってぶちまけました。給食のエプロンが飛んで、絵の具、落とし物の鉛筆、ぞうきん、チョーク、そして私の机の上にあった物もみんな飛んでいきました。
「ああ、すっきりした」と真希が言うから、
「もう終わり？」とのせました。
「もっとやりたいけど、後片づけがあるし」

　「あれ、片付けるんだ。ストレス解消には、紙を破るのどう」とけしかけて、私もいっしょにいらなくなったノートや本、書類を破りまくりました。山のようになった紙の川を3人で泳ぎ、破った紙を水のようにかけ合いました。

　下校時間をとっくに過ぎて、めちゃくちゃの教室を片付けながら、ぐちを聞きました。うるせーおやじのこと、ムカツク先生のこと、キレるかーちゃんのこと、冷たいおねえちゃんのこと。彼女たちはふつうの女の子です。けっこうおしゃべり好きで、明るい、素直な女の子たちです。

　「先生、これから放課後に紙をバリバリに破るのいい？」

❀ 水曜日放課後バリバリ

　この「水曜日の放課後に紙をバリバリに破ること」は1カ月で終わりました。いじめられたことや時々死にたくなること、好きな音楽のこと、将来の結婚や出産のことなど、いろいろな話題でおしゃべりをしました。楽しい時間でした。でも明るい笑顔の裏が見えて、傷が見えて、不満がぶつかってきて、私も少しだけ重荷が増えました。

Ⅳ　集団づくりが目指す自治の世界

「学校つまんないー」と美香。

「死ぬのなんか平気ー。なんで自殺ダメなの」と真希。

「家に帰りたくない。とーちゃんもばーちゃんもうるせー」と美香。

「５年の時、先生になぐられた『おまえなんかクラスの中でみんなに嫌われているぞ。おまえを信用しているやつなんか一人もいないぞ』だってさ、先生どう思う」と真希。

「私もムカツクとすぐキレちゃうからー」と美香。

「オレもそう」と真希。

「水曜日放課後バリバリ」は、二人から少しずつ人数が増えていきました。ストレス発散のバリバリ遊びから、ストレス発散のおしゃべり会へ変わりました。やがて、曜日なし、バリバリなし、メンバー無制限の「おしゃべりごっこ」になりました。

本音で語り合うのは難しいと思います。それは、私たちおとなも同じです。おりこうさんを装う子どもたちの問題ではなく、おりこうさんを演じさせている私たちの指導の問題です。共感的な指導をどうつくり出せるか、子どもたちが緊張から解放されてリラックスできる世界を保障できるか、学級集団づくりのテーマがここにあります。まずは、子どもたちの現実に付き合うところから始め、彼らの要求を探ります。

113

集団づくりで子どもたちが変わる

〈実践編〉

〈実践4〉仲間と共につくりあげる価値相互承認の世界（6年）

❀ 現状を知り子どもたちと向き合う

　貧困と格差がますます広がっていることを実感します。貧困は経済的なものだけにとどまらず、子どもたちの生活すべてに広がり、人と人とのつながり、関係そのものを壊しています。ネグレクト、発達障害、不登校、荒れ、暴力など、学校現場で直面する課題は山のようにあります。まず、やるべきことは、子どもの現状を知ることです。そして、その現状と向き合うことです。しかし、そこにとどまっていたり、立ち止まっていたりすることでは実践は切りひらけません。では、何から始めたらいいのでしょうか。集団づくりの実践構想を考えてみましょう。

　まず、子どもの現状を知ることが必要です。現状を知るということは、現状をすぐに変えようとしないことを意味します。そういう状況に置かれている理由を探しだし、解決の糸口を見つけます。

　6年のウッチーは、からだが小さく、痩せていました。もうずっと遅刻の常習者でした。5年生のときの作文にずっといじめられ続けてきた、と書いていたようです。学校いやだ、消えたいと思うことがいっぱいある、とも記されていました。

　家庭訪問の時、彼のお母さんは、「自分のことは自分でさせるし、自分でしていると思う。私もからだが弱く思うように動けないです。それにもう言うこと聞かないです」と言い目を伏せました。

　朝、自習時間にはいません。朝会や朝運動は間に合いません。1時間目の途中から、顔を出します。まずは、遅刻を気にしないことにしました。朝食はもちろん食べていません。給食前になると、「腹減った」とため息をついていました。

❁ 基本的な信頼関係の構築

　私は、今、人と人との基本的な信頼関係の構築から始めることが大切だと考えます。困っているときに支え合う関係を築き上げることから出発する、ということです。それは支え合う権利の行使です。

　現状が分かったら、やれることから始めます。個人や集団に働きかけるということです。今までにやっていなかったことがどこかにあります。支えられることが何かあるはずです。

　私は家庭科室で秘密の靴洗い、体育着・給食着洗いを始めました。においが問題ではないと思っていました。本当の問題は、においだけで避けようとする私たちの側にあるのだと考えていました。私はひとりで洗濯機を回しながら、靴洗いです。時々、彼も一緒に金曜日の放課後、おしゃべりしながらのお洗濯タイムです。先生方に「お疲れ」と声をかけられながら。やがて家庭との連携で、学校では洗濯する必要がなくなりました。

　においが問題ではないはずなのに、においが消えると遊び仲間がどんどん増えました。体と体でぶつかり合えるようになりました。仲間とじゃれ合う姿がたくさん見られるようになりました。

　６年生のウッチーの作文には、『ぼくはこのごろ友だちが増えました。まだ他のクラスの女子に避けられることはあるけど、いじめられていると感じなくなりました。学校いやだ、消えたい、と思っていた今までと変わりました。先生がちがう、楽しいことがいっぱいあります』と

書かれていました。

　今、やれることから始めればいいのだと思います。ウッチーと靴洗い、体育着・給食着洗いの約束でつながり、おしゃべりでつながり、職場の同僚と「お疲れ」の声かけでつながります。こうした働きかけは、ウッチーに受け入れられて、おしゃべりし合う関係をつくります。同時に、その行為を目撃した同僚との関係を深化、発展させます。同僚たちに「ウッチー、笑顔が多くなったね」と声をかけられるようになった事実は、それを証明しています。

　遊び仲間ができたという事実は、ウッチーの心の傷を癒し、人間への信頼を回復させる可能性を含んでいます。はじめは「そのままでいいんだよ」という、存在を認め合う関係から「一緒に洗濯しながら、おしゃべりしようよ」という、約束を実行し合う関係、存在価値を認め合う関係へと関係性を変化させたのです。

❀ 仲間と共につくりあげる価値相互承認の世界

　現在、子どもたちは、生まれながらに既に生産された「もの」に囲まれ育ちます。物質的な豊かさの裏側で、市場主義、競争と優劣の価値一元化の社会が広がっています。子どもたちが生きづらい教室、わたしたちが生きづらい職場、子どもたちも、おとなも生きづらい世界が広がっています。

　市場主義・競争と優劣の価値一元化の社会が大切にするものは、日常的に迫り来る競争と優劣を隠しながら、優しく、空気を読み合う、「潤滑油」をもった社会です。その潤滑油は、すべてのトラブルを避け、争わなければならない課題までも回避してしまう社会を実現させてしまっています。表向きでは、お互いに傷つけあわない、表層の関係性を重要視する社会です。

　現在の学校は、現在の社会をそのまま反映し、その価値と現社会が承認した文化を継承する人格を形成させるためのシステムになっています。

わたしたちが、現状維持で学級を温存すれば、迫り来る競争と優劣を隠しながら、優しく、空気を読み合う関係を追認することになります。
　学校の中では、空気を読み合う関係は価値一元化への同調を求め、それに従わない場合には、排除するために「強い指導」をすることにもなります。学校は逸脱行動のないように「正しい」価値を振りかざし、叱りながら、押し付けます。教師が「毅然とした態度」で、子どもたちを怒鳴ります。こうした学校の「強い指導」が子どもたちの生きづらさをつくりだし、場合によっては、子どもたちを不登校に追い込むことすらあるのです。
　このような関係は、いじめを生みだし、排除の構造を公認し、市場主義・競争と優劣の価値を一元化する集団を完成させてしまいます。
　子どもたちの生活の中から起こる様々なトラブルを意識的に表面化させて、公的な討論・討議の場に出し、問題の解決を通して、子どもたちにとっての新たな価値に出会わせます。

❁集団に働きかけるための活動をつくる

　集団に働きかけるためには、活動をつくることが必要です。集団の中にある要求を朝の会や学級会などに公的に出していくのです。その活動の行為、行動を通して子どもたちの認識を変えることができるのです。
　ウッチーが得意なものはバスケット、サッカー、ドッジボールなどのボール運動でした。学年のドッジボール大会、バスケット大会、サッカー大会と次々に学年委員会で企画を立てました。学級でも、それに向けての班やチーム対抗のリーグ戦を計画しました。もちろん、彼もチームリーダーの一人になりました。チームリーダー会は、他のクラスに学級対抗戦の挑戦状をもって試合の交渉に行くようになりました。試合が終わる度にチーム会議を開き、チームリーダー会議で次の対戦相手を検討しました。
　彼が集団に働きかけられる活動を意図的につくりました。目的を共有

することで、自己と他者を認識できるチャンスが生まれます。仲間と共に生きるとはどういうことかを、自他の行為・行動から学びます。

❀ 子どもの変化を通して保護者とつながる

自分の子なのに理解できないと、相談されることがよくあります。なんて頑固なのか不思議です、と嘆きます。理解されない子は、家庭でどんな状況を生きることになるのでしょうか。理解できなくてもいいから、そういう考えもあるんだと受けとめることが大事です。けれども、こういう考えもあるんだよ、と別の考えがあることを伝えることも大切です。

「いいじゃないですか、家族がみんな同じ考えじゃなくても」

「そうですね。やっぱり、自分の考え、ふつうの考えを押し付けていたのかもしれません」

当然のことですが、わたしたちおとなの見方、視点が変われば子どもたちが変わります。その逆に、子どもの変化を通して、保護者とつながることも可能です。子どもの成長を通して、保護者との信頼関係を築くということです。また、難しいかもしれませんが、子どものトラブルを通して、保護者とつながることもできます。

子どもの些細な言動に気づいて、子どものいつにない笑顔を見て、私たち保護者、教師も変化していきます。子どもの変化をとおして、保護者と信頼でつながります。

❀ 保護者の変化が見えてくる

ウッチーは放課後いろいろな友だちと遊ぶようになりました。班学習でもよくしゃべり、大きな声で笑うようになりました。友だちと自転車で遠くまで出かけた話をみんなにふれ回っていました。肩まで伸びていた髪を切り、笑顔が増えていきました。

子どもたちの変化を保護者に伝えながら、保護者とのつながりをつくります。電話や家庭訪問で家庭にお願いできることもあるでしょう。学

校でできることもあります。関係機関との連携も大切です。

ウッチーのお母さんが学校に用事があって来た時、「いろいろありがとうございます」と挨拶して、少し話をしていきました。「今年の先生は違うんだよ」と、よく学校の話をするようになったと嬉しそうでした。「以前は何の面倒も見てやれませんでしたが、自分も息子に少しだけ関わることができるようになりました」と報告してくれました。

予想できなかった変化が見えてきて私も嬉しくなりました。子どもの変化を通して、周りの人たち、おとなも変わります。

❀ ぶつかりあう価値観から新しい価値世界を構想する

原案づくりで大切なことは、現状分析です。「バスケット大会に向けて、チームリーダーを決めたい」「新しい班のチームワークをよくするために、お笑い大会をしたい」など、現状分析から提出される要求は、ほとんどの人たちに承認されるような納得のいくものが多いのですが、現状を切りひらくことのできる要求は、小さな声の、違和感のある、少数あるいは孤立したものであることが稀ではありません。少数者が提起するものの中には鋭い問題提起が含まれ、その集団を鍛えあげ、発展させる重要な価値が含まれている可能性があるのです。

多数の意見が社会の方向を指し示すもの、それを「正しい」ものと考えることがふつうです。しかし、その合意、決定のプロセスの中に、少数の意見が反映されなければならないのです。反発する考えこそが価値の対立をつくりだし、新たな社会を切りひらく原動力になるのです。だから、学級の中に言いたいことが言える状況をつくること、意見を出し合い、多数の方向を提案すること、そして、その逆方向の少数の意見を引き出し、合意、決定をするという討議づくりの構想が重要なのです。

集団づくりは、合意できることを広げつつ、その先に、対立する主張、ぶつかりあう価値観から新しい価値世界を構想しなければならないのです。価値観が分断されながら、多数に同調しているこの歪んだ世界に、

原案という共通のルールをもって切り込んでいきます。

　はじめは、朝運動（始業時間と同時に始まる６分間の全校持久走）遅刻に対するルール破りに要求を突き付けます。２つ目は、ウッチーの時間をあまり気にしない、柔軟性の価値観に、集団の要求を突き付けます。集団の要求を突き付けて、集団に跳ね返ってきたものは何か、跳ね返ってきたものによって集団そのものの価値が問われます。

❀ 信頼できる仲間からの要求

「何で朝運動に遅れるんですか。だめなんじゃないの」

と体育リーダーの優子です。６月の梅雨の晴れ間が見えた頃のことです。朝運動に遅刻した５名にルール破りの批判が浴びせられました。

　私と一緒に購入した新しい体育着を着て、朝運動に遅れてきたウッチーにも、思いがけない批判の目が向けられました。班長会と体育リーダーたちとで集まって相談した後、ルールを守るという視点とウッチーにとってもよくないという点から、朝の会で討論することにしました。他の４名は神妙な面もちで、教室での出来事を話し、遅れたことに言い訳しながら謝っていました。

　そして、今度はウッチーの番です。

夏樹「ウッチーは今日も遅れてきたけど、今まで黙っていたけど、この頃、外に出ないことが続いている」

健吾「ぼくたちはウッチーを差別していない。事情はあるかもしれないけど、一緒に朝走ったほうがいいし、そうアドバイスもしてきたと思う」

　いつも外遊びをする仲間の批判には重さがありました。健吾は班長として何度もアドバイスしていましたが、何の変化も見られないと憤った表情を隠さず言いました。

❀ 行動の裏側に潜むものと集団のルール

正太「朝運動出たくないときあるよ。うっとうしいし」

達也「おれもある。雨降らないかなと思うし」
春菜「じゃあ、朝運動やめようキャンペーンとか考えたらいいんじゃない。でも今は、朝運動がんばろうって、そういう話でしょ」
大輔「いいね。前みたいにシャープペン是か非かって」
恭平「朝ご飯ないとか、起こしてくれないとか言ってたし、みんな事情はあるから言いにくいけど、ゲームやって夜遅いって自分の責任の時もあるって言ってたよね」
俊「ルールだからって必ず守らなければならないってもんじゃない。ルールが多すぎって感じする」
亜希「わたしも起きたくないことあるけど、自分のためでもあると思う」
雪子「朝運動のある日は、朝、みんなで一緒に遊ぶ提案、つくろうか」
雅史「いいかも、それなら、みんな集合に遅れないよね」
　その時、さつきが、流れを止めました。
さつき「ウッチーは高田くんの家に寄って来てるんです」
　突然のことで、私たちは何のことか分からず頭が空っぽになりました。
　「おれさあ」とウッチーが話してくれました。この頃、遅刻が毎日のようになったのは、2組の不登校の高田くんに授業の様子を伝えに寄っていた、本当は放課後、教えればいいし、朝早く行けばいいのにと思いながらも、遅くなったついでに回り道をして、家に寄っていたというのです。私たちの知らないウッチーに出会った瞬間でした。私は涙が出てきて、言葉が出ませんでした。放課後、二人が校庭で遊ぶ姿を何度も見ていたのに、想像もつきませんでした。
　「それは知らなかった」「ありがとう」「すごいなあ」「間に合うように来てね」と私たちは言葉を贈ったけれど、何だか言葉が軽く思えました。ウッチーは、みんながこんなに心配してくれてると思っていなかった、どうでもいいって気がしてた、甘えていた、そんな言葉を呟きながら涙を拭いていました。
　その後、月に1、2回の遅刻はありましたが、遅刻常習は消えました。

「1組のみんな、差別しないで付き合ってくれてありがとう。楽しい1年間だった」彼の卒業のひと言でした。

集団が新たな価値に直面します。不登校の高田くんに授業の様子を伝えに寄っていたという事実は、朝運動に仕方なく参加し、言われるままに持久走をしている子どもたちに、価値観の再構築を迫ります。

「それは知らなかった、ありがとう、すごいなあ、間に合うように来てね」という意見の中から、ウッチーの行動を集団の当事者として知ろうとしていなかった事実と、友だちを大事にしようとしているウッチーの行動への感謝・尊敬が明らかになったのでしょう。「学校に遅れてもいいよ、でも、できれば間に合うように来てね」という討議と決定が、それまでの学校的な価値観をゆさぶり、土台から揺るがし、集団を新たな価値観に出会わせたのです。

彼もまた新しい価値に出会います。彼の行動が承認され、価値あるものと評価されます。ウッチーは高田くんを友だちとして再認識し、教室で生きる仲間からもまた、ウッチーに「教室に来いよ」というメッセージが送られ、彼は新しい仲間に出会います。

学校は楽しいか、信頼できる仲間はいるか、本音が言えるか、どういうルールをつくり、ルールを通してどういう討論・討議を起こせるか、そこで何を変化させるのか。集団づくりの課題がそこに見えます。子どもたちと共に新たな価値世界を切りひらきます。

〈実践5〉ぼくひとりぼっち（4年）
——特性を持った子のいる学級

　集団は、いちばん弱い者を守るためにあります。「ぼくひとりぼっち」という言葉に涙が溢れてきました。どんな子どもであっても、その行動の背後には何らかの理由と要求が存在します。集団づくりの原点に立ち、弱さを守れる集団づくりをめざしました。

❀ 落ちついた「いい子」たち

　「落ちついた地域だよ。みんないい子たちだから——」
　「落ちついた」学校に転任しました。ところが、学校が始まって2日目に、「落ちついた」学校のイメージが崩れる事件が起きました。他の学年からでしたが、「子どもたちの机の中が荒らされました。黒板と机にクーピーや色鉛筆で落書きされて、ほとんどの子どものクーピーや色鉛筆が折られていました」という報告がありました。
　一見「落ちついた」いい環境の「いい子」たちの裏側を垣間見た気がしました。現代社会の歪みは、それほど簡単に修復可能なはずもなく、「いい子」の仮面を被って、様々なストレスを溜め込んで生きている子どもたちの姿が浮かんできました。「落ち着いたいい子」たちは、普通と違うことに対して不寛容な部分も持ち合わせています。私は、この「いい子」たちに、おとなの望む、みんな「いい子」にならなくていいことを伝えたいと思いました。言いたいことを言い合って、トラブルを起こしながら生きていくことを教えたいと思いました。
　私は4年生を受け持つことになりました。
　学級びらきをいつものように、先生の紹介、ゲーム、と進めていくうちに、いつの間にか一番後ろの席の女の子が床にうずくまって泣いていました。くーちゃんの隣です。

「くーちゃんがね。何もしていないのに、蹴ってきて、それで泣いちゃったんです」周りの子が教えてくれました。
「くーちゃん、何かされたのかな」
くーちゃんは小さくなって黙ったままでした。この日、女の子が3人、たたかれたり、蹴られたりして泣きました。
「先生バイバイ！　また明日ね！」
くーちゃんは、私からのプレゼントのひまわりワッペンを胸に付けて、にこにこしながら帰って行きました。彼のファイルには、昨年度受けた検査の結果が記入されていました。
『多動性症候群』
次の日も、また次の日も、
「先生、くーちゃんとつっちゃんがまた、喧嘩してる」
「くーちゃん、やめろよ。離せよ」
「なんだよ。うるせーんだよ！」
そのまた次の日も、
「せんせー。くーちゃんが髪の毛引っ張ってる」
「やめてー。痛いー」
大きな原因があるようには思えませんでした。どれも単純なトラブルでした。彼のいたずらか思い違いで始まり、周りの子どもたちの『やめろ！』の言葉でパニックを起こしていました。くーちゃんは自分の気持ちを正確に表現できなかったり、状況の把握ができない、遅れている、また、彼の行動が読めないので、周囲は突然パニックになるように感じていました。
これまでの指導も、彼をみんなと違う子と見て、彼を守り、助けるようにしてきたようでした。それは、間違ってはいません。
現に、子どもたちは彼にやさしく、時には弟のように接しています。「くーちゃん給食ここ置くよ」しかし、その方法は、『みんなと同じように』だめなものは、だめという学校の、そして社会のルールを教えるこ

とであり、その結果、何とか『みんなと同じように』なることを期待しているようでした。その考えのために彼は苦しんでいました。

　私は、クラスの子どもたち、とりわけリーダーたちに、私とくーちゃんとの関係を見せることを通して、人と人との関わり方を教えていこうと考えました。少しずつしか変化はしないだろうけれども、子どもたちと彼との関係を変えていくしかありません。くーちゃんをまず、私がすべての外的なものから守る、何でもありの受け入れ、居場所づくりからスタートしました。

❀ せんせー、あそぼ──つながりを求めて

「せんせー、20分休み、あそぼ」
「いいよ」
「うんてい行こ。遊ぼうね」
　20分の中休みは、くーちゃんと校庭で遊びました。
　昼休みのくーちゃんは、教室でテープを聞いたり、そうじ機でそうじをしたりして過ごしていました。
「班がえするよ。くーちゃん、どの班行きたい」
「ぼく…、ひとりぼっち」
　私の目に、涙がじわじわと溢れてきて、うつむく、くーちゃんの顔がぼやけて見えました。
「先生、ドッジボールしよう」
　翌日の昼休み、女の子たちからドッジボールに誘われました。昼休みの校庭は、にぎやかで、子どもたちの笑い声が響いていました。キャーキャーとボールを取り合う楽しさの中で、私はくーちゃんのことに気づきませんでした。
「先生、くーちゃんが泣いてる。教室からダンボール投げたよ。『先生、先生』って。先生と遊びたかったんだよ」
　あすかにそう言われて、見上げた3階のベランダに、くーちゃんの姿

は、もうありませんでした。校庭を走ってきた彼の目は腫れていて、声は嗄れていました。

「くーちゃん、ごめんね」

つないだ手に、力を込めました。

❀ 教室の蛍光灯がチカチカ──特性を持った子の要求に応える①

授業中、教室の蛍光灯がチカチカするように、クーちゃんがスイッチを動かしました。子どもたちは、厳しく言いました。

「くーちゃん、やめな」

「目、悪くなっちゃうよ」

私は、優しく言いました。

「どうしたの」
「やりたくなっちゃいました。ごめんなさい」
「おもしろい？」
「うん」
「くーちゃんね。やりたくなっちゃうんだって。すごく嬉しそうなんだ。先生は、少しだったら黙って我慢できるんだけど、みんなはどう？」
「いいよ。おれ、ぜんぜん平気だよ」
「目悪くなりそうだけど、少しなら我慢できるよ」
「くーちゃん、みんな、我慢できるって。よかったね」
　その後、何度か、チカチカやっていましたが、子どもたちは文句を言いません。
「くーちゃん。もういい？」
「はーい」

❀ 蛇口の水で廊下が水びたし──特性を持った子の要求に応える②

　そうじの時間、水飲み場の水道の蛇口をいっぱいに開き、廊下に水をまき始めたくーちゃん。教室の私の席からよく見えました。
「あれ、やってるな」と思いながら、その様子を眺めていました。くーちゃんは、それがやりたいのだから、やりたいことをしばらくやらせてあげよう、と思っていました。
「くーちゃん！　何やってるの！　だめでしょ！」
　隣の図書室から、司書の先生が飛び出してきました。
「先生、先生ー！」と、子どもたちも大声で叫び始めました。
「だいじょうぶです。ありがとうございます。でも、くーちゃんの考えがあるんだよね。くーちゃん、もっとまきたいの」
「やめて、ぞうきんで拭きます」
「ぞうきん、たくさんあるもんね。ぞうきんで拭きたかったんだ」
「うん」

「楽しそうだね」
「先生。アイーン」

❀パーティーの悲しいくすぐり──特性を持った子の要求を読み取る

班長会が自由席レストランとビデオ給食を提案しました。

自由席レストランとビデオ給食

提案者　班長会

1　提案理由
　月曜日に学校へ来るのがつらい、と言ってる人がいます。「学校にいきたい」と思えるように、月曜日にはビデオを見る給食と、水曜日には仲良しで食べる給食を考えました。

2　期間　５月３１日まで

3　約束
　○みんなをさそいあって　ぜったいなかまはずれをつくらない。
　○できるだけ　いろんな人となかよく食べよう。
　○ビデオはみんなで決める。

くーちゃんには、すぐには声がかかりませんでした。浅ちゃんたちが誘いました。
「くーちゃん、いっしょに食べよ」
「うーん」
「くーちゃん、いっしょに食べよ」と、女の子たち。
「うん、いいよ。先生もいっしょに食べよ」
くーちゃんは、女の子が大好きです。女の子たちの甘いやさしさが好きなのです。
パーティー係提案の『4・5月のお誕生日会』が始まりました。
ゲーム1の「株式会社」では、パーティー係のあすかたちに面倒を見てもらいながら、少しジャンケンをしていましたが、しばらくするとやめてしまいました。
ゲーム2の「命令ゲーム」の説明を始めると、
「やらない」
と無関心になりました。しかし、罰ゲームが「くすぐり」だと分かった瞬間、「ぼく、やる」に変わりました。くーちゃんはくすぐられたかったのです。
「命令ゲーム」でわざと負けて、いよいよ、罰ゲームのくすぐりが始まりました。7～8人の子どもたちが椅子に囲まれた真ん中で、パーティー係の数人に、今まさに、くすぐられようとしていたその時に、くーちゃんはすばやく逃げてしまったのです。追って来るのを待っていたくーちゃんに気づいて、私はすぐに追って行って、黒板のところでくすぐってあげましたが、他の子どもたちは、くーちゃんが罰ゲームが嫌なのかと思って追ってきませんでした。彼は、悲しそうにその場にしゃがんで泣き始めました。
「学校なんて嫌い。パーティーなんてやりたくない」
事情がわからない子どもたちは、驚いて困っていました。私は、あすかたちにくすぐられたかったくーちゃんの気持ちを全部話しました。

話し終わると、あすかが言いました。
「くーちゃん、ごめんね。くすぐれなくって」
あすかの言葉は、彼の心にどれだけ深く響くのでしょうか。パーティー係のまとめで、あすかはこうしめくくりました。
「くーちゃんは、ゲームやれないって思ってたけど、本当はみんなと遊びたいんだよね」

❂ くーちゃんチーム誕生──特性を持った子とともに生きる学級

班長会で、次の学級活動のことを話していました。
あすか「くーちゃんも遊べるものって、何かな」
あゆ　「うんていかな。いっつも先生と遊んでるでしょ」
まき　「おにごっこかな。でもどっか行っちゃうしー」
私　　「『王様ジャンケン』の王様になってもらうのはどうかな」
浅　　「『ジャンケン列車』はどう？」
あすか「ジャンケンばっかりだけど、いいか。それとこの間やった『風船バレーボール』もやろう。みんなやりたいって言ってたから」
私　　「その３つで先生もいいと思うよ。くーちゃん、今、先生といつもいっしょでしょ。20分休みは、いっしょに外行こうと思っているからいいんだけど、朝と昼休みはつまらなそうにしてるの知ってる？」
あゆ　「３年の時は、遊んでくれる人がだいたい決まってて、私もそうだったんだけど、３学期くらいからいやになってる」
まき　「ドッジボールが怖くてできないから、男の子たちと遊べないんだよね」
あすか「この頃、女の子たちもドッジボールやるようになって、３年生の時みたいにくーちゃんと教室の中で遊ぶより楽しいんだと思う」
私　　「そうだよね。自由に遊べるって大事だよね。でもくーちゃんはね、『先生、くーちゃんと遊んでくださいって言って』そういうんだよ」
あすか「４年になって、先生と遊んでにこにこすっごく嬉しそうだけど、

くーちゃん、本当はみんなとも遊びたいんだよね」
あゆ 「１班からとか順番決めて、遊んであげようか」
浅　 「おれ、遊ぶのいいよ」
私　 「先生はくーちゃんも大事にしたいけど、他のみんなも大事にしたい。だから、無理をしないようにしたい。２０分休みはできるだけ先生が遊ぶ。みんなに何曜日のいつだったらくーちゃんと遊べるか聞いたらどうかな」
まき 「１人１週間に１回なら、遊べるよね」

くーちゃんチームをつくる案

　　　　　　　　　　　　　　　　　提案者　班長会

１　提案理由

　くーちゃんは『先生、くーちゃんと遊んでくださいって言って』と言ってます。

　くーちゃんも大事にしたいけど、みんなも大事するために、無理をしないように遊ぶくーちゃんチームをつくろう。

２　期間　６月３０日まで

３　ルール

　○２０分休みはできるだけ先生が遊ぶ。みんなも参加して。

　○だれが何曜日いつならくーちゃんと遊べるか表をつくる。

　○１人１週間に１回努力する。無理をしない。

４　くーちゃんと遊べるもの

　学校ごっこ・探検ごっこ・うんてい・おにごっこ・電車ごっこ

　班長会のこの提案に、全員賛成でした。くーちゃんチームの誕生です。朝、２０分休み、昼休みと笑顔で元気に外へ飛び出して行きました。くーちゃんチームは１週間の予定表を見ながら、うんてい、かくれんぼ、

ジャングルジムとくーちゃんを中心に置いて遊びました。
「くーちゃん、純くんも誘って」
「くーちゃんと遊ぶの楽しいよ」
「言うこと聞いてくれるようになったよ」
「先生、行って来まーす。純くんあそぼ。お当番さん行くよ」
「お当番」は気になる言葉でした。ボランティアのはずのくーちゃんチームが、お仕事になってしまわないかと少し心配になりました。
くーちゃんを囲む輪は、くーちゃんを守る砦は、少しずつ大きくなっていきました。それに伴って、クラスに優しさが広がりました。遊びとおしゃべりと教え合いが広がりました。理科専科の佐藤先生から、
「くーちゃん、いつもにこにこで幸せいっぱいって顔してますね。去年と全然違っちゃって、びっくりですよ」と言われました。
その朝、歌レク係3班は、朝の歌をリードした後、あすかが
「1班のくーちゃんと浅田くんからのリクエストで『セッキーコング』をみんなで歌います。いいですか」「はーい」
「ウッホウホウホ、ウッホホー」
「くーちゃんよかったね」
遊び仲間のつっちゃんの声が、教室いっぱいに響きわたりました。

❀ くーちゃんチームって何？

「先生、くーちゃんともう遊びたくない」
「どうしたの？」
「やめてって言っても聞かないで、蹴ってくるし、たたいてくる」
「わたしが、『風邪を引いてるから今日は遊べない。ごめんね』って言ってるのにたたいてきて、追いかけてきた」
「そうか、そうだね。くーちゃんに、どう思っているか聞いてみよう」
こんな時、くーちゃんのこたえはいつも決まって、困った顔で『わかりません』『忘れちゃいました』です。はっきり、しっかりした答えは

ありません。行動が先に来ます。しばらくしてから後悔がやって来ます。
「みんなに遊んでもらって嬉しいのは分かるけど、やめてって言われたら、やめないとみんな遊ぶのやだって思っちゃうよ」
「わかりました」
　くーちゃんチーム誕生から１カ月。子どもたちの不満が少しずつ出てきました。毎日３回、いろんな子たちに遊んでもらえる嬉しさの表現が残念なことに、相手を触る、つっつく、たたく、蹴るでした。「やめて」の声は、彼には「もっとやって」と聞こえていました。彼の存在と行動がクラスに受け入れられながらも、パニックは続いていました。
　マンガ係の春ちゃんの作った本が八つ当たりで破られたり、傘で中山さんがたたかれたり、川崎さんが石をぶつけられたりと目が離せませんでした。事件の度ごとに、周りにいた子どもたちから情報を集めて、みんなで話し合い、くーちゃんの見えない心の中を探り合いました。そうしなければならなかったくーちゃんの心と行動を考えました。
　自分たちのストレスを出し合いながら、立場をかえながら、子どもたちなりに考えました。どうしても遊べないという子どもたちはくーちゃんチームの表から名前を消して、ちょっとお休みモードになっていきました。
「叩かれるからくーちゃんチームから抜けます」
　学級会では、それを認めながらも、あすか・ちひろたちの遊んでもいいよチームは、「くーちゃんのルール」を作って、要求し、破られても破られても、外へ出ていきました。
「くーちゃんと『学校ごっこ』とか『探検ごっこ』とか、けっこう楽しいんだから」
「くーちゃんと遊ぶの楽しいよ」
　くーちゃんチームは増えたり減ったり繰り返し、その波の中でトラブルが少なくなり、やがてトラブルの相手は、くーちゃんと対等につき合う、つっちゃん一人になりました。

❀ アイーン列車

「6・7月のたん生日会の説明をパーティー係さんお願いします」
原さんの司会で学級会が始まりました。

6・7月のお誕生日会

　　　　　　　　　　　　　　　　　　　提案者　班長会

1　提案理由
　○6・7月の人を楽しくおいわいしよう。
　○4・5月のとき楽しくなかった人もいたので、みんなが楽しめるようにしよう。
　○カードや風船の準備をわすれずにしよう。
2　日時　6月27日（金）6時間目
3　プログラム
（1）はじめの言葉
（2）ミニまんざい
（3）ゲーム「アイーン列車」→修正案「ポケモン星への旅」
（4）ゲーム「なんでもバスケット」
（5）カードのプレゼント
（6）風船わり
（7）おたん生日の人から一言
（8）終わりの言葉
4　準備する班（やりたいところ）
　　かんばん1（　班）かんばん2（　班）黒板の絵（　班）
　　風船とかざり（　班）カード（　班）ミニまんざい（　班）
　　司会と言葉とゲームのリード（班長会）

パーティー係のあすか・森・いっちゃん・杉の説明が終わり、各班からの質問も終わりました。くーちゃんの好きな「ジャンケン列車」のネーミングを変えた「アイーン列車」が提案に入っていました。
　３班からの意見、変えてほしいところが出されました。
「アイーン列車は何度かやっているので、別のゲームにしてほしいです」
　拍手が起きました。それは中くらいの拍手でした。
「パーティー係は、どう思いますか」と原さんがリードします。
「くーちゃんがやれるものを考えて、アイーン列車は楽しいと思うのでこれにしました」
　意見が分かれたので、これについて話し合うことになりました。
「レク集会の時とか何度もやっているので、別のゲームにしたいです」
「ジャンケン列車と同じようだけど、アイーン列車は名前が新しいからやってもいいと思います」
「くーちゃんのこともあるけど、６・７月のたん生日会なんだから、みんながたのしいものにしたいです」
「くーちゃんの会を作って、アイーン列車をやったらどうですか」
　いつもくーちゃんとトラブルを起こすつっちゃんの真剣な言葉でした。
「４・５月のたん生日会の時に、くーちゃんがやれるゲームがなくて、だからパーティー係で考えて、アイーン列車ならできるし、楽しいからこれにしました」あすかの思いが、クラスとぶつかりました。
「うちの班でも意見が分かれていて、やっぱり飽きていて、別なのがやりたいって。でもくーちゃんのこと考えてないんじゃなくて、くーちゃんもやれるものを考えてやればいいと思います」４班の班長ちひろがフォローしました。
「くーちゃんがやりたいって言ってるのでお願いします」パーティー係みんなでそう言い、譲りませんでした。５分間、班で話し合いました。
　１班は、時間をもっと要求して、話し合いを続けましたが、意見が分かれて結論が出ませんでした。くーちゃんのいる２班は、アイーン列車

をやりたいと原案に賛成でした。3・4班は、別のゲームを考えたいというのが結論でした。
私「みんなが決めたんだから、これでいいんだよ。ジャンケン列車はレクで何度かやっているから、少し飽きていて、2つしかできないゲームだから、別なゲームにしたいんだよね。それはよく分かるな。それに、おたん生日の人たちの会だからね。『くーちゃんのたん生日の時にいっぱいやってあげよう』って言ってたから、その気持ち大事だよね。
　パーティー係はね、4・5月のおたん生日会の時に、くーちゃんが参加できなかったことが気になっていて、6・7月は絶対にくーちゃんのためにゲームを考えたいって、この提案を作ったんだよ。この前のたん生日会の時、くーちゃんは『株式会社』も『命令ゲーム』の罰ゲームのくすぐりもできなくて『学校なんか大嫌いだ。パーティーなんかない方がいい！』って泣いていたんだよ。みんなといっしょに遊びたかったんだよね。パーティー係のまとめでその話をしたとき、あすかさんたちは、今度は絶対楽しいゲームを作る、くーちゃんも楽しめるゲームを考えるって。それでこの提案をつくってきたんです」
　「それなら、オレはやってもいいよ」と、つっちゃん。
　「オレも」
　「でも、やりたくない、飽きちゃったって人の気持ちも大切だから、別のゲームにするなら、パーティー係といっしょに、反対した人も一生懸命に考えてあげよう。この後10分くらい集まって話そうね」
　「はーい」
　反対した子どもたちとパーティー係の子どもたちと私でゲームの話をしました。
　「パーティー係の気持ち分かるかな」
　「うん。分かる」
　「そうだよね。くーちゃんのこと考えてないんじゃなくて、やっぱり別なゲームにしたいんだよね」

「くーちゃんのたん生日にやってあげればいいじゃん。アイーン列車」

「なんで！　1学期には、もうたん生日会ないんだよ！　くーちゃんがアイーン列車やりたいって言ってるのに、なんでできないの！」

あすかの涙に私も子どもたちも声が出ませんでした。そのとおりだったから。あすかの涙をみて、私の涙も溢れてきました。パーティー係の子どもたちが、

「くーちゃん、アイーン列車やりたい？」と聞くと、「うん」とにこにこ返事をした様子を、私も目の前で見ていたからです。

この後、意見を出し合ってくーちゃんの好きな『ポケモン』のゲームを考えだしました。それは、ジャンケンをしながら、ポケモン星までたどり着く楽しいゲームになりました。くーちゃんもいっしょにダンボールに絵をかいて嬉しそうでした。結局、アイーン列車は7月の『1学期まとめの会』の時に、最優先でプログラムに入れることになりました。もちろん、クラス全員が賛成でした。

多かれ少なかれ生きづらさを背負って学校にやって来る子どもたちだから、まずは、その生きづらさをまるごと受け入れて、そこからしか始められないように思います。
　違った見え方で生きなければならない彼らにとって、他のみんなは、意味の分からない理不尽なことを押しつけてくる「敵」なのでしょう。自分に襲いかかって心を傷つける獣たちなのです。人は心を傷つけられたとき、あるいは自分を否定されたとき、牙をむきだすこともあります。「くーちゃん変わったね」と話す彼らこそがくーちゃんの『やりたいことをやれる自由を支え、一緒に過ごせる教室』をつくりあげ、彼ら自身を変えたのだと思います。

おわりに

　転任した春、3年生を担任し、学級開きで「りんごの木」をつくり、四つ切り画用紙の子ども「提案」を教室に貼り始めました。2年目に5年生を受け持つと、「りんごの木」が6クラスに広がりました。3年目、4年目、気がつくと「りんごの木」や子ども「提案」が知らない間に他のクラスにどんどん広がっていました。
　お誕生日会やレクの企画もどのクラスでも当然のように行なわれ、校庭に子どもたちの笑顔がいっぱいになりました。
　春は出会いの季節でもあり、別れの季節でもあります。一緒に学年を組んだ後、転任した若い教師から思いがけない嬉しい手紙を頂きました。
　『頭の固い私は、新任からの4年間で子どもの実態と保護者の実態、教員の理想にはさまれて悩み、いつも自分の力不足を責め、苦しくなってしまいました。自分は情熱が足りないのではないか、向いていないのではないかと自問自答の毎日でした。
　昨年度、先生と一緒に学年を組むことができ、考えが変わりました。子どもを変えるのが教員の力ではなく、子どもを前にして変われるのが教員の力だと思うようになりました。そうしたら、学校が楽しい場所に戻りました。子どもたちの一人ひとりの顔がはっきり見えるようになりました』
　学級づくりを始める若い教師たちに、忙しい職場ではなかなか話せないことを伝えようと思いながら書きました。また、現在に合った「学級集団づくり入門」になるように、集団づくりの少し難しい内容も入っています。
　集団づくりは「スクールカースト」「学級崩壊」「いじめ」に立ち向かう学級をつくります。現在の学校は、子どもたちを規則で縛り、おとなしい「お利口さん」、ロボットのような子どもにしているように思えます。

何を言ってもいいと言いながら子どもらしいことは言わせず、失敗してもいいと言いながら失敗をさせず、子どもたちの子どもらしさを奪ってきたのではないでしょうか。物言わぬ子どもたちではなく、思考力をもち、言いたいことを言い、やりたいことを実現できる子どもたちに育てることが私たちおとなの役割だと思うのです。
　子どもたちは空気を読み合い、傷つけ合うことを怖れ、息苦しい中で棲み分けて生きています。
　学級は本当に楽しいところでなければ、生きるに値する場所でなければ、学級の意味はありません。うわべのよそよそしい仲良しごっこや飾った笑いでは、仲間との信頼もつくれません。正面からぶつかり合い、考えを突き合わせ、解決して成長させることが必要です。
　子どもたちには子ども時代を子どもとして生きる権利があるのです。子どもたちには大人社会と違う社会をつくる権利があるのです。
　失敗や、トラブルから学び合う子ども時代を取り戻すために、未来を生きる子どもたちに育てるために教育があります。
　この本はサークルの仲間、理論研究会の仲間と学習する中でつくられてきた考えがもとになっています。また、研究会の学習をリードしてくださる獨協大学の川村肇教授に教えていただいた理論がたくさん含まれています。イラストは、同じサークルの仲間でもあり、一緒に学年を組んだ山本寛子先生に描いて頂きました。実はこの素敵なイラストこそがこの本の主役です。この場を借りて感謝申し上げます。
　最後になりましたが、このような機会を与えてくださった高文研代表の飯塚直さん、編集の小林彩さんには、丁寧なご指導と温かいお力添えをいただいたことを心から感謝し、厚くお礼申し上げます。
　本書が集団づくりの理論と実践に少しでも役立てば幸いです。
　　　2015年1月

　　　　　　　　　　　　　　　　　　　　　　　　関口　武

関口　武（せきぐち　たけし）

1957年、群馬県に生まれる。法政大学法学部卒業。埼玉県立教員養成所卒業後、埼玉県の公立小学校に勤務。全国生活指導研究協議会常任委員。共著に『教室の扉をひらく』（埼生研常任委員会編）。雑誌「生活指導」（高文研）に多くの実践を発表。大学の総合講座や学童保育指導員講座、教員向け講座など全国で講演をする。

子どもから企画・提案が生まれる学級
集団づくりの「ユニット」システム

● 2015年 2月 28日　　　　　　第1刷発行

著　者／関口　武
発行所／株式会社 **高 文 研**
　　　　東京都千代田区猿楽町２－１－８　〒101-0064
　　　　TEL 03-3295-3415　振替 00160-6-18956
　　　　http://www.koubunken.co.jp
印刷・製本／シナノ印刷株式会社
★乱丁・落丁本は送料当社負担でお取り替えします。

ISBN978-4-87498-563-2　C0037

◆教師のしごと・小学校教師の実践◆

子どもから企画・提案が生まれる学級
関口 武著 1,600円
子どもの声をキャッチして、子どもたち自身の企画で実現させていく笑顔いっぱい、提案いっぱいの学級づくり。

"遊び心"で明るい学級 学級担任「10」のわざ
齋藤修著 1,400円
子どものほめ方にも、四つの段階があります。注意も怒鳴らなくていい方法を一挙公開!若い世代にぜひ伝えたい「10」のわざ。

はじめて学級担任になるあなたへ
野口美代子著 1,200円
新学期、はじめの1週間で何をしたら?問題を抱えた子には?もし学級崩壊したら…ベテラン教師がその技を一挙公開!

1年生の担任になったら
新居琴音著 1,500円
子どもの荒れはヘルプのサイン!工夫がいっぱい、アイデアがいっぱい。どの子も安心して過ごせる学級の秘密を公開。

困らせたって甘えたっていいんだよ!
篠崎純子著 1,500円
荒れる学級、女子グループの対立、発達困難を抱える子どもたち。その子らに向き合う、一教師の心温まる教育実践95話。

ねぇ!聞かせて、パニックのわけを ●発達障害の子どもがいる教室から
篠崎純子・村瀬ゆい著 1,500円
発達障害の子の困り感に寄り添い、ユニークなアイデアと工夫で、子どもたちの発達をうながしていった実践体験記録!

がちゃがちゃクラスをガラーッと変える
篠崎純子・溝部清彦著 1,300円
生活指導のベテラン二人が自らの実践で伝える学級指導の「知恵」と「技」。子どもとの対話に強くなる秘策満載!

のんちゃん先生の楽しい学級づくり
野口美代子著 1,300円
着任式は手品で登場。教室はちょっぴり変わった「コの字型」。子どもたちの笑顔がはじける学級作りのアイデアを満載。

ドタバタ授業を板書で変える
溝部清彦著 1,500円
みんなで読む時間、一人で考える時間、班学習に興味がわく活気ある授業の組立てと板書をカラーで大公開!

子どもと読みたい 子どもたちの詩 少年グッチと花マル先生
溝部清彦著 1,300円
新学期、初めての出会いから別れの季節まで、子どもたちの生活を綴った詩と担任による解説。詩作指導の秘訣を紹介!

子どもをハッとさせる 教師の言葉
溝部清彦編著 1,500円
現代日本の豊かさと貧困の中で生きる子どもたちの姿を子どもの目の高さで描いた、教育実践にもとづく新しい児童文学。

子どもをハッとさせる 教師の言葉
溝部清彦著 1,300円
「言葉」は教師のいのち。子どもの心を溶かし、子どもを変えたセリフの数々を心温まる20の実話とともに伝える!

◆この価格は本体価格です。別途消費税が加算されます。